Ulrich Giesekus · Familien-Leben

Ulrich Giesekus

Familien-Leben

Spielregeln für Eltern und Kinder

R. BROCKHAUS VERLAG WUPPERTAL UND ZÜRICH

ABC team

ABCteam-Bücher erscheinen in folgenden Verlagen:

Aussaat-Verlag Neukirchen-Vluyn
R. Brockhaus Verlag Wuppertal
Brunnen Verlag Gießen (und Brunnquell-Verlag)
Christliches Verlagshaus Stuttgart
(und Evangelischer Missionsverlag)
Oncken Verlag Wuppertal und Kassel

Umschlaggestaltung: Carsten Buschke, Solingen
Umschlagfoto: Pönnighaus-Martin, Hüttenberg
Gesamtherstellung: Breklumer Druckerei Manfred Siegel KG
ISBN 3-417-11032-7

INHALT

VORWORT

»Menschen wollen nicht lernen, sie möchten Rezepte« – dieser pessimistischen Ansicht möchte ich mich nicht beugen. Gottes Schöpfung ist unglaublich vielfältig, und wer sie etwas gründlicher anschaut, muß darüber ins Staunen kommen. Auch die Gesetzmäßigkeiten menschlichen, d.h. auch familiären Verhaltens lassen sich nicht auf eine einfache Formel bringen. Ich freue mich darüber und wünsche mir, daß die Fähigkeit, sich immer wieder neu wundern zu können, den Lesern wie mir selbst bewahrt bleibe.

In einem Sinne beschreibt dieses Buch Theorie: in der Hauptsache psychologische Grundprinzipien, die das Zusammenleben in der Familie betreffen. Nur ist eben eine gute Theorie, auch wenn sie etwas komplizierter scheint, in Wirklichkeit immer viel praxisnäher als vereinfachende »Rezeptsammlungen«, die in der Anwendung der Sache nicht gerecht werden. Also ist dieses Buch auch sehr praktisch, denn gute Theorie ist die beste Praxis.

Natürlich gäbe es auch Gründe, dieses Buch nicht zu schreiben, z.B. den, daß sich sicherlich manches in der Zukunft als falsch, einseitig, oder zumindest unvollständig herausstellen wird. Oder, daß auch dieses Buch garantiert mehr Fragen unbeantwortet läßt als es beantworten kann. Auch ein persönlicher Grund kommt hinzu: Was werde ich antworten, wenn meine eigenen Kinder mir in 20 Jahren dieses Buch zeigen: »Papa, das hast Du geschrieben« –, wo ich doch heute schon weiß, daß ich ihnen als Vater nicht immer gerecht werde? Es gibt weder für den Leser noch für den Autor eine Garantie für das Gelingen der Familiengeschichte – bitten wir Gott um Weisheit, Kraft und Bewahrung für unsere Familien!

Viel Dank geht an die Menschen, die mir »in Sachen Familie« gute Lehrmeister waren bzw. sind: meine Eltern und Geschwister, meine Frau und Kinder, aber auch die vielen Familien, die mich in den therapeutischen Beratungen an ihrem Leben haben teilnehmen lassen. Besonderer Dank geht auch an meine

»Mitstreiter« bei der DGBTS, insbesondere Prof. Michael Dieterich und Pfr. Wilfried Veeser, die mir auch beim Schreiben dieses Buches tatkräftig zur Seite standen.

Im Frühjahr 1994 Ulrich Giesekus

DER AUTOR

Dr. Ulrich Giesekus, Jahrgang 1957. Nach 10 Jahren Studium und Praxis in den USA kam er 1988 zurück nach Deutschland und ist seitdem Psychotherapeut und Studienleiter bei der Deutschen Gesellschaft für Biblisch-Therapeutische Seelsorge, Kernen (Baden-Württemberg).

Dem Thema »Familie« gilt sein besonderes Interesse – und das nicht nur beruflich: Selber als zweites von sechs Kindern aufgewachsen, haben er und seine Frau heute vier Kinder.

1. Familienleben – Familien leben

»Freunde kann man sich aussuchen, Familie nicht«, so seufzt mancher mehr oder weniger im Spaß. Sicher, fast jeder Mensch hat in der eigenen Familie die wesentlichen Prägungen erfahren, und für diejenigen, bei denen die Familie durch andere Institutionen ersetzt wurde, war der Mangel an Familie prägend. Für viele Menschen sind Familienangelegenheiten die Quelle der schönsten sowie der schlimmsten Lebenserfahrungen. Familien machen Freude, und sie machen Not – das ist der Normalfall. Doch beim Abwägen des einen gegen das andere kommen immer mehr Menschen in unserer Gesellschaft zu dem Ergebnis, daß sich Familie nicht lohnt.

Aus christlicher Sicht ist diesem Trend sehr kritisch zu begegnen. »Familie« ist nicht irgendeine Lebensform, die beliebig neben andere gestellt werden könnte, sondern sie gehört zum Grunddesign Gottes für das psychosoziale Umfeld, in dem der Mensch leben kann. Die Bibel sieht den Menschen eindeutig als familienorientiert geschaffen. Monogame, lebenslange Ehen sind nicht nur ein »moralischer Anspruch«, sondern die Basis für eine dem Menschen gerecht werdende Umwelt: *»Es ist nicht gut,* daß der Mensch allein sei; ich will ihm eine Hilfe schaffen als sein Gegenüber« (1. Mose 2, 18; Hervorhebung vom Verfasser). Die Beobachtungen heutiger Paarforschung bestätigen diese Sicht, so daß die wissenschaftliche Psychologie hier zu keinem Widerspruch mit dem biblischen Menschenbild kommt: Treue, auf das ganze Leben zielende und institutionalisierte Beziehungen (sprich: die Ehe), sind Voraussetzung für einen lebenslangen seelischen Reifungs- und Entfaltungsprozeß (vgl. Willi, 1992).

Die Institution »Familie« gehört also zur Schöpfung Gottes und unterliegt ihren Gesetzen und Ordnungen, so wie alles in der Natur. Diese Gesetze und Ordnungen finden sich zum einen in der Bibel in der Form von Geboten. Die Zehn Gebote sind ein Beispiel dafür – sie bilden die ethische Grundlage unserer Kultur bis hinein in die staatliche Gesetzgebung. Die Gebote sind wiederum in der Schöpfungsordnung begründet. Zum anderen gehören zur Schöpfungsordnung dann auch die Naturgesetze, und mit ihnen die Regeln menschlichen Verhaltens und Zusammenlebens.

So sind in der Bibel die Strukturen und Gesetzmäßigkeiten menschlichen Verhaltens nicht immer ausformuliert und dann zitierbar. Sie sind in der Schöpfung da, oft nicht gleich erkennbar. Und doch sind sie für den Beobachter und Forscher wahrzunehmen, zu beschreiben und für die Praxis zugänglich zu machen, ein Vorgang, der prinzipiell jedem Menschen möglich ist. Sehr deutlich wird dieser Prozeß in Jesaja 28, 23–29 beschrieben. Hier werden die wissenschaftlichen landwirtschaftlichen Erkenntnisse, die seinerzeit gültig waren, als Gottes Reden beschrieben. Sogar die technologische Entwicklung (z.B. Dreschschlitten, Walze und Stecken) und ihre sachgerechte Anwendung verdankt sich dem Reden Gottes.

Doch das Verhängnisvolle ist: Der Mensch erkennt zwar Gottes Ordnungen, gerade auch im Verhalten des Menschen. Er erkennt aber dadurch nicht den Schöpfer selber oder Jesus Christus, durch den der Vater im Himmel die Welt gemacht hat.

Wissenschaftliche Beobachtung steht also nicht im Widerspruch zur Bibel – im Gegenteil: Die Bibel fordert uns an vielen Stellen dazu auf, Weisheit zu gewinnen und die Zusammenhänge in unserer Welt zu erkennen. Soweit diese Zusammenhänge das Verhalten von Mensch und Tier betreffen, sind sie das Objekt der wissenschaftlichen Psychologie. Wie die Physik oder Medizin beobachtet und beschreibt die Psychologie Schöpfungsordnungen. Und wie die Bibel nicht den Anspruch hat, Physikbuch oder medizinischer Ratgeber zu sein, so ist sie auch kein Psychologiebuch. Daß im Namen der Wissenschaft oft *auch widergöttliche Ideologien* vertreten werden, trifft die Psychologie genauso wie andere Wissenschaften. Hier heißt es also: **Prüfen – und das Gute behalten** (1. Thessalonicher 5, 21).

Häufig entsteht eine solche Ideologisierung durch willkürliche Interpretation von Forschungsergebnissen; am meisten aber wohl durch Einseitigkeiten in der Auswahl der Erkenntnisse, die man zu Rate zieht. Deswegen finden sich in diesem Buch – ganz im Sinne einer biblisch-therapeutischen Seelsorge – bewußt Erkenntnisse aus allen großen Richtungen der Psychologie: der Tiefenpsychologie, der Verhaltenspsychologie und der Gesprächs- bzw. Kommunikationspsychologie.

Weil Gottes Ordnungen der Schöpfung – und damit dem Menschen entsprechen, ist optimales Leben nur innerhalb dieser Ordnungen möglich. Hier unterscheidet sich das »sanfte Joch« Jesu (Matthäus 11) vom schweren Joch der Pharisäer, die immer strengere Regeln machten und meinten, damit Gott noch besser gefallen zu können. Gottes Ordnungen führen nicht in die Enge, sondern zur Entfaltung in den Grenzen der Schöpfung.

Regeln sind also kein Selbstzweck. Daher ist glücklicherweise auch nicht alles im Leben geregelt: Gott hat uns so geschaffen, daß wir unser Leben, auch unser Familienleben, gestalten können. Es gibt dabei viel Spielraum, wir sind keine Marionetten. Spielraum ist natürlich auch mit Verantwortung verbunden sowie der Tatsache, daß wir Fehler machen.

Menschen, die ängstlich jeden Fehler vermeiden wollen, suchen oft nach Regeln für möglichst jedes Detail. Und sie finden auch meistens Ratgeber, die bereitwillig eine Antwort für so ziemlich jede Frage zur Verfügung stellen. Besonders in Erziehungsfragen gibt es »Experten«, die angeblich genau wissen, wieviel Taschengeld ein Kind bekommen sollte, wieviel Fernsehen gut ist, welche Literatur ein Kind lesen sollte, und wann die richtige Zu-Bett-geh-Zeit ist – die Liste ließe sich beliebig verlängern. Nur kann man leider alle diese Fragen gar nicht allgemeingültig beantworten. Eine Empfehlung an Eltern: Bleiben Sie skeptisch. Prüfen Sie, ob die Antworten wirklich zu den Fragen in Ihrer Familie passen. Ihre Aufgabe ist, ein möglichst gutes Verständnis allgemeingültiger Prinzipien zu bekommen, und diese dann einfühlsam und individuell auf ein spezielles Kind in einer besonderen Situation anzuwenden. Das erfordert natürlich viel mehr Nachdenken und Gespräch als ein 08/15-Vorgehen, ist aber auch mit einer viel besseren Chance verbunden, dem Kind gerecht zu werden. Manche Eltern empfinden es als ungerecht, wenn sie ihre Kinder ungleich behandeln; Kinder spüren jedoch, ob sie angenommen sind, und wissen dann auch, daß die größere Gerechtigkeit darin liegt, jedes Kind nach seinen individuellen Bedürfnissen zu behandeln. Über lange Sicht gesehen gleichen sich besondere Privilegien und Pflichten dann nämlich aus.

Um sich zu entfalten, brauchen Menschen also beides: Freiheit und Grenzen, Spielraum und Regeln. Um diesen Zusammenhang – »Spielregeln« – geht es in diesem Buch. Optimales Familienleben bedeutet also, sich im Rahmen der Schöpfungsordnung frei zu entfalten. Man kann auf beiden Seiten vom Pferd fallen: Regeln als Selbstzweck führen in die Enge und vermindern die Liebesfähigkeit und Kreativität; Mißachtung der Regeln führt zu Leid, Verletzung und eventuell Zerbruch. Daß optimales Leben in einer gefallenen, d.h. vom Schöpfer losgelösten Schöpfung nicht möglich ist, versteht sich von selbst. Wir können nicht mehr nur mit der Schöpfungsordnung leben, sondern müssen auch mit den Konsequenzen der Verletzung dieser Ordnungen leben. Die Bibel nennt dies Sünde. Wer seine Sünde bekennt, wird von Gott durch Jesus Christus Vergebung empfangen; er wird Heil erfahren. Aber die Welt, in der wir leben und von der wir ein Teil sind, ist alles andere als eine heile Welt.

1.1 Kann die Familie überleben?

Wenn man die Entwicklung der letzten Jahre beobachtet, könnte man zu dem Schluß kommen, daß die Familie eine aussterbende Lebensform geworden ist. Zumindest ist das, was man bisher als die »normale« Familie bezeichnet hat, zunehmend weniger normal geworden. In vielen Bereichen, besonders in den Großstädten, sind Kinder, die mit beiden biologischen Elternteilen und Geschwistern aufwachsen, die Minderheit.

Die folgenden Zahlen gelten für die alten Länder der Bundesrepublik Deutschland, sind aber in den anderen westlichen Industrienationen vom Trend her ähnlich. Jede dritte Ehe wird geschieden. Da etwa 80 % aller Geschiedenen wieder heiraten, steigt die Zahl der sogenannten »Fortsetzungsfamilien«, viele davon mit Kindern, die aus den vorherigen Beziehungen mitgebracht werden. Viele Ehen werden auch gar nicht erst geschlossen; der Prozentsatz der Kinder, die außerhalb einer Ehe geboren werden, hat sich in etwa zwanzig Jahren knapp verdoppelt, von 10,9 % (1967) auf 19,3 % (1989) (Schwarz, 1994).

Aber es sind nicht nur die Ehe- und Beziehungsprobleme, die dazu beitragen, daß die »normale« Familie zunehmend Seltenheitswert bekommt. Immer mehr Menschen entscheiden sich, aus welchen Gründen auch immer, für ein Leben als Single. Viele bleiben ungewollt Singles, weil sie den passenden Partner nicht gefunden haben. Und auch diejenigen, die sich zur Ehe entschließen, bekommen weniger Kinder. Etwa ein Zehntel der heutigen Ehen bleibt freiwillig kinderlos, ein weiteres Zehntel wünscht sich Nachwuchs, kann aber keinen bekommen. Der Anteil der Bevölkerung, der »sich an der Familienbildung gar nicht mehr oder nur sehr bescheiden« beteiligt, steigt (Schwarz, 1994). Die durchschnittliche Kinderzahl pro Familie beträgt in Deutschland 1,4; 42 % aller Familien haben ein Kind, 29 % haben zwei, und nur 9 % drei oder mehr Kinder (Statistisches Bundesamt; in: Focus Nr. 7, 1993).

Der gesellschaftliche Trend bildet sich natürlich auch in christlichen Gemeinschaften ab. Christen haben die gleichen Probleme und müssen mit den gleichen Herausforderungen leben wie alle anderen auch. Doch aus christlicher Sicht ist die Familie eben nicht eine von vielen Lebensformen, die »mehr oder weniger zeitgemäß« ist. Als Gott sich den Menschen ausgedacht hat, hat er auch die Familie erschaffen. Das heißt, familiäres Zusammenleben entspricht dem Menschen an sich, einen wirklichen Ersatz dafür gibt es nicht. Die Lebensform »Familie« ist kein veraltetes Modell, sondern in jeder Gesellschaft und in jedem Zeitalter eine notwendige Voraussetzung für seelische Gesundheit des einzelnen sowie für das Zusammenleben der Menschen. Es spricht vieles dafür, daß das auch so bleiben wird. Die oben genannten Veränderungen in unserer Gesellschaft sind zwar Grund zur Sorge; trotzdem ist es nicht an der Zeit, den Tod des Familienlebens zu beklagen und sich in die »gute, alte Zeit« zurückzusehnen. Die Familie lebt unter erschwerten Bedingungen, aber sie ist eine Lebensform, deren Chancen und Profil neu entdeckt werden müssen.

1.2 Die »neuen« Familien

Natürlich sind viele der »neuen« Familien – seien es die Familien Alleinerziehender oder Fortsetzungsfamilien – gesunde und gut funktionierende Systeme. Trotzdem haben sie im allgemeinen größere Schwierigkeiten zu meistern als die Standardfamilie. Scheidung gehört zu den wichtigsten psychosozialen Gesundheitsrisiken, und wissenschaftliche Untersuchungen zeigen deutlich, daß Erwachsene und Kinder nicht »einfach lernen, damit zu leben«. Geschiedene leiden an fast allen seelischen und vielen körperlichen Krankheiten häufiger als Nichtgeschiedene, und sie sterben auch früher (Willi, 1992).

In der christlichen Gemeinde haben Geschiedene es oft besonders schwer. Geschiedene und Wiederverheiratete erleben häufig Ablehnung und befürchten, nicht selten zu Recht, daß andere ihren Problemen mit der Haltung begegnen: »Siehst du, das hast du jetzt davon«. Das macht es für viele schwierig, ihre ganz normalen Alltagsprobleme, die die anderen ja auch haben, offen anzusprechen. Dabei wäre das besonders für Alleinerziehende ungeheuer wichtig. Für viele Christen zieht eine Scheidung auch den Ausstieg aus der Gemeinde nach sich; die Stigmatisierung wird als unüberwindbar erlebt.

1.2.1 Die Ein-Eltern-Familie

Neben der Außenseitersituation in Gesellschaft und Gemeinde gibt es noch eine Reihe anderer Probleme, die viele alleinerziehende Eltern (meistens Mütter) meistern müssen:

1.2.1.1 Die wirtschaftliche Situation

Viele alleinerziehende Mütter leben am Rande oder unterhalb der Armutsgrenze. In Deutschland liegen 77% von ihnen mit ihrem Einkommen unter dem Sozialhilfesatz (Focus Nr. 7, 1993). Auch wenn die absoluten Grundbedürfnisse wie Nahrung und Schlafplatz erfüllt sind, ist das Leben in dieser Einkommensklasse schon aus praktischen Gesichtspunkten unvergleichbar schwieriger als im durchschnittlichen Wohlstand. Das Angewiesensein auf öffentliche Verkehrsmittel und beengter Wohnraum erschweren z.B. das günstige Einkaufen in größeren Mengen. Die kleinen und größeren »schönen Seiten« des Lebens, angefangen vom sonntäglichen Restaurantbesuch bis zur jährlichen Urlaubsreise, fallen weg. Dazu kommt, daß sich die meisten Menschen ihrer Armut schämen, daher ihre finanzielle Not oft verschweigen und vielleicht sogar sauer erspartes Geld ausgeben, um bei besonderen Gelegenheiten (wie z. B. dem Gemeindebesuch oder Elternabend in der Schule) vor anderen »gut dazustehen«. Ein einfacher Lebensstil ist zwar bei vielen Christen ein Zeichen der Ernsthaftigkeit ihrer Christusnachfolge, meines Erachtens zu Recht. Hier ist dieser Lebensstil aber in der Regel frei gewählt und bringt das angenehme Gefühl moralischer Überlegenheit mit sich. Unfreiwillig arme Menschen haben keine Wahl und erleben ihre Armut als ungleich bedrückender.

1.2.1.2 Die Aufgabenvielfalt

Alleinerziehende müssen die gleichen Funktionen, Rollen und Verantwortlichkeiten ausfüllen, die normalerweise auf zwei Erwachsene verteilt werden. Sie streben danach, den Kindern sowohl Vater als auch Mutter zu sein, dabei Freundschaften nach außen zu pflegen und auch noch Zeit für sich selber zu haben. Die Erwartungen sind oft zu hoch und werden nur unter enormem Streß erfüllt. Kinder spüren die Angst und Angespanntheit des (einzigen) Elternteils oft schon sehr früh und reagieren darauf unterschiedlich. Einige versuchen, die Rolle des fehlenden Partners zu übernehmen und werden zum »kleinen Erwachsenen«. Diese Heldenrolle (s. u. G. »Die Familie als System«) ist zwar vordergründig angenehm für die Erzieher, aber für das Kind schädlich und auf lange Sicht auch eine Belastung für die ganze Familie. Andere Kinder produzieren Probleme und weisen damit auf die Hilfsbedürftigkeit des überforderten Familiensystems hin; ihre Probleme sind also eine Art Hilferuf.

Natürlich haben die großen Herausforderungen auch positive Seiten: Kinder lernen oft, verantwortungsvoller und unabhängiger zu werden. Alleinerziehende entdecken in sich Fähigkeiten, die sie nie zu haben glaubten, und entwickeln neue Seiten ihrer Persönlichkeit. Schade ist, daß sich ein solches Selbstvertrauen dann nicht im Kontext einer guten Ehe, sondern durch die schmerzhafte Erfahrung eines Verlustes entwickeln mußte.

1.2.1.3 Der andere Elternteil

Auch wenn er nicht mehr im Haushalt lebt, existiert der andere Elternteil ja irgendwo – und sei es, im Extremfall, nur als Schatten einer Erinnerung. Ungehaltene Versprechen, vergessene Geburtstage der Kinder, abgesagte Besuche usw. sind an der Tagesordnung, besonders, wenn der andere Partner selber wieder in eine neue Ehe oder Familie eingetreten ist. Diese Erlebnisse sind für die Gefühlswelt der Kinder schädigend, und der erziehende Elternteil möchte sie oft schützen, indem er die Kinder so weit wie möglich vom nichterziehenden Elternteil abschirmt. Damit wird die Sache aber nur schwieriger, denn das Kind erlebt dadurch ja nicht weniger das Bedürfnis, von beiden Eltern geliebt zu werden. Zusätzlich kommt es aber in Loyalitätskonflikte, da das »schützende Bemühen« des erziehenden Elternteils als Ablehnung gegen den nichterziehenden Teil erlebt wird. Kinder identifizieren sich dann häufig mit der einen Seite, um nicht deren Liebe auch noch zu verlieren. Das Ergebnis ist dann meistens der vollständige Zerbruch der Beziehung zum abwesenden Elternteil, was im allgemeinen schädlicher ist als eine schwierige, aber existierende Beziehung.

Ein besonderes Problem stellt sich, wenn der erziehende Elternteil unbewußt oder bewußt Rachegefühle gegenüber dem ehemaligen Partner hat. Die Kinder werden dann mehr oder weniger subtil beeinflußt, Stellung gegen den anderen zu beziehen, z.B. indem sie nach Besuchen beim anderen Elternteil entsprechend tendenziös ausgefragt werden. Dahinter steckt der Wunsch, Informationen über den anderen zu erfahren, die die eigene Meinung unterstützen. So ist es möglicherweise sehr wohltuend, zu erfahren, daß der alte Partner mit seiner neuen Partnerin auch Probleme hat ... Ein solcher »Spionageauftrag« ist unfair und überfordert das Kind enorm. Kinder brauchen den Freiraum, mit beiden Elternteilen eine individuelle und liebevolle Beziehung zu entwickeln, ohne diese in irgendeiner Weise vor dem anderen rechtfertigen zu müssen.

1.2.1.4 Scheidungswaisen

Da bei Alleinerziehenden die Kinder nicht die Ehe der Eltern als Modell haben, von dem sie lernen können und müssen, sind in gewissem Maße die Beziehungsschwierigkeiten in der nächsten Generation vorprogrammiert. Beispiel: Ein konstruktiver, respektvoller Streit zwischen gleichwertigen und gleichberechtigten Partnern, wie ihn Kinder einer gesunden Ehe von Zeit zu Zeit miterleben, wird äußerst selten oder nie vorgelebt. Die späteren Erwachsenen haben daher oft wenig Konfliktfähigkeit, d.h. Konflikte werden entweder vermieden oder destruktiv ausgetragen. Natürlich gibt es auch viele »vollständige« Familien, in denen wenig hilfreiche Streitkultur besteht. Harmonisierungszwänge sind leider häufig auch das Ergebnis bestimmter Frömmigkeitsstile in der Erziehung. Da Alleinerziehende in der überwiegenden Mehrzahl Mütter sind, wachsen immer mehr Kinder ohne Vater auf, bzw. die Väterbegegnungen sind auf Wochenenden und Ferien reduziert. Was es bedeutet, im Alltag »seinen Mann zu stehen«, erleben diese Kinder oft nicht genügend. Söhne haben es hier besonders schwer, eine gute Beziehung zu ihrer eigenen Männlichkeit zu bekommen, und fühlen sich den Frauen tief unterlegen. Das Ergebnis: Sie müssen sich dann entweder mit »Macho-Gehabe« beweisen, oder sie werden überangepaßte »Softies«.

1.2.2 Fortsetzungsfamilien

Eine Wiederheirat und die damit verbundene Familiengründung ist selten so unproblematisch wie es sich die beiden Partner wünschen, insbesondere, wenn Kinder aus früheren Ehen da sind. Die folgende Liste möglicher Fallen ist sicherlich nicht vollständig.

Falle 1: »Wir bauen unsere alte Familie von neuem.«

Der Versuch, in einer Fortsetzungsfamilie die ursprüngliche nukleare Familie wieder zu schaffen, muß scheitern. Trotzdem lebt dieser Mythos in vielen Fortsetzungsfamilien – auch wenn sie sich so offensichtlich in wesentlichen Punkten von der ursprünglichen Familie unterscheiden:

- Alle Mitglieder einer Stieffamilie haben bedeutende Beziehungsverluste erlebt, die sie bewältigen müssen.
- Alle Mitglieder bringen unterschiedliche Erfahrungen und Normen aus der vorherigen Familie mit.
- Die Eltern-Kind-Bindung ist älter als die Partnerbindung – und hat auch »die älteren Rechte«.
- Es gibt irgendwo einen biologischen Elternteil.
- Der neu angeheiratete Elternteil hat keine gesetzlich geregelte Beziehung zum Kind, falls keine Adoption stattfand.
- Kinder sind oft in zwei Haushalten zu Hause.
- Die Liste ließe sich fortsetzen. Daß diese Gegebenheiten nicht wahrgenommen werden, führt zu sehr unrealistischen Erwartungen, die dann enttäuscht werden.

Falle 2: »Wir werden sofort feste Familienbande haben.«

Loyalität und Zusammengehörigkeitsgefühl entwickeln sich über lange Zeit hinweg. Zusammengeheiratete Stiefgeschwister sind nicht wie zusammen aufgewachsene Geschwister, auch wenn sie sich noch so sehr bemühen. Der gefühls- und bindungsmäßige Unterschied in der Beziehung zu »meinen Kindern, deinen Kindern und unseren Kindern« ist eine Realität, die sich nicht wegwünschen läßt. Erziehungsversuche sind bei Stiefkindern über lange Zeit hinweg problematisch. Im Konflikt erlebt das Kind: »Ich bin nicht Dein Kind!«, und lehnt dann auch die Vater- oder Mutterrolle ab.

Falle 3: »Der neue Partner versteht sich so gut mit den Kindern, sie werden ein Herz und eine Seele sein . . .«

Wie oben bereits angedeutet, wachsen Familienbande immer nur langsam und lassen sich nicht erzwingen. In bezug auf den neuen Stiefelternteil ist jedoch mit zusätzlichen Problemen zu rechnen. Überspitzt ausgedrückt: Jede Stiefmutter ist eine böse Stiefmutter, und jeder Stiefvater ist ein böser Stiefvater. Kinder erleben im neuen Partner eines Elternteiles immer auch den Rivalen des anderen »echten« Elternteils. Sie lehnen es im allgemeinen ab, eine herzliche und warme Beziehung aufzubauen, oder haben in dieser Sache zumindest stark ambivalente Gefühle. Sie empfinden es als zutiefst erniedrigend und verletzend, wenn sie gezwungen werden, gegen ihren Willen jemanden als »neuen Papa« bzw. »Mama« anzunehmen. Wenn der Stiefelternteil diese Ablehnung persönlich nimmt und gekränkt reagiert und eventuell sogar eine »Papa«- oder »Mama«-Beziehung zu erzwingen versucht, verursacht er damit tiefe Gräben in der neuen, noch zu wachsenden Familie. In der Erziehungsberatung erlebt man häufig Familien, in denen zwischen einem Kind und dem Stiefelternteil solche Feindschaft besteht, daß einer von beiden die Familie verläßt.

Die positive Entwicklung in Fortsetzungsfamilien hängt von verschiedenen Faktoren ab. Trotzer (1988) faßt vier davon zusammen:

(1) Der Zerbruch der primären Familie muß verarbeitet sein, sonst sucht man in der neuen Familie bewußt oder unbewußt einen Ersatz für die alte. Das kann aber eine neue Familie nicht leisten. Das heißt insbesondere, daß alle Familienmitglieder genügend Zeit brauchen, um den Verlust zu betrauern, mit anderen zu besprechen und Trost zu erfahren.

(2) Die neue Familie muß neue Rollen und Familientraditionen entwickeln und darf nicht in erster Linie alte Traditionen übernehmen.

(3) Die Beziehungen zu den Ex-Ehepartnern und deren Familien müssen geregelt sein und, soweit möglich, in angemessener Weise aufrechterhalten werden. Die Struktur einer aus verschiedenen Familienanteilen zusammengestellten Familie ist extrem kompliziert und überfordert Kinder, wenn die Eltern hier nicht helfen. (Beispielfrage: Wer von den sechs oder acht Großeltern in dieser Familie bekommt ein Weihnachtsgeschenk von wem?)

(4) Die Beziehungen zur Herkunftsfamilie beider Ehepartner müssen geklärt und geregelt werden. Wenn die Eltern des einen Partners den anderen nicht akzeptieren, z.B. weil sie ihn als »Zerstörer« der ersten Ehe ansehen, stellt das eine ungeheure Belastung dar.

1.3 Neue Aufgaben für die Gemeinde

Die seelsorgerliche Pflege von Beziehungen ist heute kein Luxus mehr, sondern Notwendigkeit geworden. Mit ein paar mehr oder weniger »frommen Sprüchen« sind die Probleme nicht gelöst. Wir brauchen daher eine große Zahl verantwortlicher Seelsorger und Seelsorgerinnen, die sich mit den Zusammenhängen der Schöpfungsordnung umfassend beschäftigt haben, die theologisch und psychologisch geschult sind. Ganzheitliche Seelsorge muß den Menschen in seinem Geschaffensein sowie in seiner Beziehung zu Gott verstehen. Es gibt gute Möglichkeiten solcher Ausbildung (Adressen auf Seite 125).

Neben der Pflege für die (noch) bestehenden Beziehungen ist die Gemeinde zweifelsohne als Ersatz für fehlende Erfahrungen enorm gefordert. Vaterlose Kinder können in der Gemeinde nicht nur ihren himmlischen Vater kennen- und lieben lernen, sondern auch irdische Väter – vorausgesetzt, es gibt dort Männer, die sich auch für die Kinderarbeit verantwortlich wissen. Alleinerziehende müssen nicht Alleingelassene sein; ihre pflegende, aber nicht bevormundende Annahme in der Gemeinschaft verteilt manche Last auf mehr Schultern. Hilfen sind nötig in ganz praktischen Aspekten (z.B. Kinderbetreuung beim Einkauf oder Arztbesuch, Finanzen), im psychischen Bereich (z.B. Austausch, Begegnung und Freundschaft) und bei geistlichen Aufgaben (z.B. im Gebet, in der Beichte, durch Konfrontation).

Schließlich ist ein seelsorgerlicher Umgang innerhalb einer Gemeinde keine Einbahnstraße. Leidvolle Erfahrungen wie der Zerbruch einer Familie sind auch wichtige Erfahrungen, von denen später andere profitieren können. Verluste fördern oft Begabungen, da man mehr auf die eigenen Ressourcen angewiesen ist. Manche Scheidungswaisen denken z. B. viel mehr darüber nach, warum Beziehungen schiefgehen, und werden dadurch sensibler für andere. In einer vollständigen Familie gleicht der eine die Schwächen des anderen oft aus – Alleinerziehende werden dagegen mit ihren eigenen Schwächen sehr viel deutlicher konfrontiert und kommen so häufig zu einer realistischeren Selbsteinschätzung. Geschiedene, Alleinerziehende und Scheidungswaisen dürfen also nicht als »Projekt« für mitleidige Wohltätigkeit angesehen werden, auch wenn sie mehr auf die Gemeinschaft mit anderen angewiesen sind. Doch gerade dieses Angewiesensein auf die Gemeinde schärft auch ihren Blick für Probleme in der Gemeinde. Fazit: Sie brauchen nicht nur andere, sie werden auch gebraucht.

2. Kind und Familie

Sara und Julius verbringen den Tag bei den Großeltern. Beim Abschied erinnert die Mutter ihre Kinder noch einmal daran: »Also, benehmt euch gut! Ich will keine Klagen hören!«

Doch schon wenige Minuten später sind die besten Vorsätze vergessen.

Irgendwie hat es damit angefangen, daß Julius ausgerechnet den Lego-Stein brauchte, der in Saras Turm ganz unten war ... Der Streit nahm handfeste Formen an, und nachdem die Oma schlichtend eingegriffen hatte, machten ihr beide Kinder Vorwürfe, daß sie ungerecht gewesen sei, weil ja der/die andere den Streit angefangen habe. Nun sind die Kinder für den Rest des Nachmittags wie Hund und Katze zueinander. Beim Nachmittagskaffee geht Julius schließlich wütend vom Tisch und wirft dabei noch seinen Kakao um.

Abends ist die Großmutter erleichtert, daß die beiden Enkelkinder wieder zu Hause sind. Großvater meint: »Das liegt doch an der Erziehung heute. Die Kinder haben einfach keine Disziplin.« Großmutter denkt daran, wie ihre Tochter doch immer gefügig und lieb war: »Das haben sie vom Vater ...«

Es mag ihnen zwar nicht bewußt sein, aber jetzt haben die Großeltern eine Diskussion begonnen, die in den Sozialwissenschaften seit langem geführt wird: Wie werden Menschen so, wie sie sind? Welche Rolle spielt die Umwelt, welche die Erziehung?

Warum ist Sara gut im Rechtschreiben? Warum zieht sie die Katze am Schwanz? Warum mag Julius gerne Vanillepudding und verzieht das Gesicht bei Gemüse jeglicher Art? Wie kommt es, daß er der zweitgrößte Junge in seiner Klasse ist? Warum gehen beide abends so ungern zu Bett? Warum ist einer dünn, der andere dick? Warum ist einer ordentlich, während ein anderer »kreatives Chaos« um sich verbreitet?

2.1 Erbgut oder Erziehung?

Die naturwissenschaftliche Beobachtung hat zumindest insofern zur Beantwortung dieser Fragen beigetragen, als sie gezeigt hat, daß das Erbe nicht »im Blut« ist, sondern in jeder einzelnen Zelle des Körpers.

Im Moment der Befruchtung erhält der Mensch seine einzigartige Kombination von Genen, die sich danach nicht mehr ändert. Dagegen wirkt in jedem Augenblick nach der Befruchtung die Umgebung auf den Organismus ein. Wenn ein Baby geboren wird, hat es schon neun Monate Umwelteinfluß hinter sich. Dabei ist nicht nur das Gesundheitsverhalten der Mutter entscheidend – Schlaf, Umgang mit Alkohol und Nikotin usw. –, sondern auch ihr emotionales Ergehen; besondere Streßzeiten können möglicherweise von Bedeutung sein. Für die heute häufig angeführten »pränatalen Verletzungen« gibt es jedoch keine wissenschaftlichen Belege. Mit Sicherheit ist auszuschließen, daß Gefühle oder Gedanken der Mutter sich auf das ungeborene Kind übertragen. Wohl ist es denkbar, daß starker Streß auf biophysiologischem Weg über die Plazenta Auswirkungen haben kann.

Es ist also schon beim Neugeborenen so, daß Erbe und Umwelt nicht mehr auseinanderzuhalten sind. Wie kann man also Rückschlüsse auf die Erblichkeit bzw. Erziehbarkeit einer bestimmten Veranlagung ziehen? Bei manchen Veranlagungen läßt sich die Frage klar beantworten: Blutgruppe und Farbenblindheit sind z.B. erblich und folgen in der Art und Häufigkeit, wie sie weitergegeben werden, den statistischen Wahrscheinlichkeiten der Vererbung. Im Gegensatz dazu steht die Sprache, die jemand erlernt: Ein Kind japanischer Eltern lernt – in der entsprechenden Umgebung – japanisch, englisch oder schwäbisch zu sprechen, ohne jeglichen Akzent . . .

Bei den meisten Veranlagungen liegt die Sache aber schwieriger, denn die wenigsten werden nur vererbt oder nur anerzogen, sondern meistens ist beides im Spiel.

2.1.1 Untersuchungen an Zwillingen

Normalerweise haben zwei Menschen nicht das gleiche Erbgut, mit einer Ausnahme: eineiige Zwillinge. Im Gegensatz zu Geschwistern oder zweieiigen Zwillingen, die die Hälfte ihres Erbguts teilen, haben eineiige Zwillinge die gleichen genetischen Bedingungen. Wenn man jetzt die Übereinstimmung, die für eine bestimmte Veranlagung zwischen identischen Zwillingspaaren besteht, mit der Übereinstimmungsrate bei nicht-identischen Zwillingen vergleicht, stellt man bei vielen Eigenschaften fest, daß die Übereinstimmungsrate bei den identischen Zwillingen höher ist. Dieser Unterschied ist darauf zurückzuführen, daß die identischen Zwillinge eben genetisch ähnlicher sind als die nicht-identischen. Aufschlußreich sind hier Untersuchungen im Blick auf überdurchschnittliche Ähnlichkeiten bei Zwillingen, die unmittelbar nach der Geburt in unterschiedliche Haushalte adoptiert wurden. Allerdings sind solche Untersuchungen aus Gründen der Adoptionsgesetzgebung nicht überall möglich und daher eher selten.

Durch den Vergleich der Übereinstimmung zwischen identischen und nicht-identischen Zwillingen besteht also die Möglichkeit, den Erblichkeitsfaktor einer Eigenschaft bzw. Veranlagung in etwa einzuschätzen. Nehmen wir z.B. die Körpergröße: Wenn man identische und nicht-identische Zwillinge in ihrer Übereinstimmung vergleicht, stellt man fest, daß identische Zwillinge fast immer die gleiche Körpergröße haben, während das für nicht-identische weniger häufig zutrifft. Diese Übereinstimmung bei der Körpergröße trifft auch zu, wenn die identischen Zwillinge in unterschiedlichen Haushalten aufgezogen wurden. Im Vergleich zu zwei zufällig ausgewählten Personen aus der Bevölkerung zeigt sich, daß Geschwister wiederum größere Übereinstimmungsraten haben.

In einer mathematischen Analyse läßt sich feststellen, daß Körpergröße einen Erblichkeitsfaktor von nahezu 100 % hat, was jedoch nicht heißt, daß keine anderen Faktoren existieren können, sondern lediglich, daß in der untersuchten Gruppe keine anderen existiert haben.

Daß die Körpergröße nicht ausschließlich erblich ist, zeigt sich z.B. daran, daß in den letzten hundert Jahren die Durchschnittsgröße deutlich zugenommen hat. Umwelteinflüsse, z.B. bessere Ernährung oder Gesetze, die die Kinderarbeit verbieten usw., haben ihren Einfluß auch auf das Wachstum der Kinder.

Viele Bereiche menschlichen Lebens haben eine erbliche Komponente. Sehr stark ist diese bei körperlichen Merkmalen, weniger (aber durchaus vorhanden) bei Fragen der Persönlichkeit und der Intelligenz.

2.1.2 Körperliche Merkmale

Bei körperlichen Merkmalen – Größe, Augen- und Haarfarbe, Knochenstruktur – sind wir uns bewußt, daß Erblichkeit eine wichtige Rolle spielt. Jeder hat schon einmal Zwillinge gesehen, die sich zum Verwechseln ähnlich sind. Manche dieser Kennzeichen ändern sich im Laufe der Zeit, z.B. mag ein Zwilling eine Narbe bekommen, und auch die Gesichtszüge formen sich unterschiedlich aus. Trotzdem sind körperliche Merkmale auch im fortgeschrittenen Alter in erster Linie der Erblichkeit zuzuschreiben. In einer klassischen Untersuchung (Kallmann und Sander, 1949) an älteren Zwillingen (über 60) zeigten sich überraschende Ähnlichkeiten in der körperlichen Entwicklung, bis hin zu Kleinigkeiten wie z.B. dem Muster der grauen Haare. In einigen Fällen starben beide Zwillinge innerhalb weniger Wochen. In einem dokumentierten Fall wurden beide identische Zwillingsschwestern innerhalb eines Monats blind und taub; eine starb fünf Tage nach der anderen.

2.1.3 Erblichkeit von Wesenszügen

Zwillingsstudien zur Persönlichkeit zeigen, daß auch persönliche Einstellungen, Haltungen, Beziehungs- und Denkstil durchaus erbliche Komponenten haben. Diese Erblichkeit läßt sich nicht im Einzelfall bestimmen (wie es Julius' und Saras Großeltern versuchten), sondern nur als allgemeine Tendenz feststellen. Dabei zeigt sich, daß eine ererbte Veranlagung durch eine unterschiedliche Umwelt oder auch durch den unterschiedlichen Lebensstil offensichtlich »umgeprägt« werden kann bzw. in den Hintergrund tritt. Auf der anderen Seite gibt es dokumentierte Fälle, die zeigen, daß identische Zwillinge, die kurz nach der Geburt zur Adoption freigegeben wurden, überraschende Ähnlichkeiten in ihrem Lebensstil haben. Ein solcher Fall (Lindemann, 1969) ist der von Toni und Roger, zwei amerikanischen Brüdern. Toni wuchs in einer großen katholischen Familie italienischer Herkunft auf; Roger lebte zunächst in verschiedenen Waisenhäusern und kam schließlich in einen kleinen jüdischen Haushalt. Im Alter von 24 Jahren lernten sich die beiden durch Zufall kennen und stellten frappierende Ähnlichkeiten fest. Ihre Einstellung zu Religion und Arbeit war ähnlich, und selbst in Kleinigkeiten – in der Art, wie sie die Zigarette oder eine Tasse hielten – gab es Übereinstimmung. Beide hatten sich, ohne voneinander zu wissen, innerhalb von acht Tagen als Freiwillige zum Militärdienst gemeldet.

Aber es gibt auch Studien, die das Gegenteil zeigen: Identische Zwillinge, die sich in ihren persönlichen Ansichten und Verhaltensweisen ganz erheblich voneinander unterscheiden. Berta wuchs in einer wohlhabenden Familie etwas überbehütet auf und wurde ein schüchternes, stilles Wesen. Ihre identische Schwester Herta dagegen wuchs mit einem sehr aggressiven Vater auf und kam bald selber in Schwierigkeiten mit dem Gesetz. In vieler Hinsicht war sie das Gegenteil ihrer Schwester.

Insgesamt sollte man davon ausgehen, daß erbliche Veranlagungen bei Persönlichkeitsstrukturen und Wesenszügen vorhanden sind, aber im Verhältnis zu Umwelteinflüssen, Erziehung usw. in den Hintergrund treten.

2.1.4 Erblichkeit von Intelligenz

Die Intelligenz gibt es eigentlich nicht. Was man unter dem Stichwort »Intelligenz« zusammenfaßt, ist eine Vielzahl von Fähigkeiten, die z.T. miteinander sehr wenig zu tun haben. Während eine Person z.B. in der Lage ist, Postleitzahlen, Telefon- oder Kontonummern auswendig zu wissen, kann eine andere vielleicht schneller lernen, nach Gehör Klavier zu spielen oder ohne Rezept einen Kuchen zu backen. Welche Person ist intelligenter?

Die Antwort auf diese Frage hängt also davon ab, welche Fähigkeit wir höher achten. In der Schule werden häufig die sprachlichen Fähigkeiten als Maß der Gesamtintelligenz genommen (was mit Sicherheit nicht zutreffend ist, da diese Fähigkeiten für den späteren Lebenserfolg oft gar nicht so wichtig sind). Und Intelligenztests legen, je nach Test, unterschiedliche Maßstäbe an bei der Bewertung einzelner Fähigkeiten. Nur in einem Punkt sind heute alle bekannten Tests einig, daß nämlich der Intelligenz-Quotient (IQ) 100 den Durchschnitt beschreibt. Alle anderen Ergebnisse sind nicht ohne weiteres vergleichbar. Ein IQ von 110 bei dem einen Test kann einem IQ von 115 bei einem anderen Test entsprechen.

Ein häufig benutzter Test mißt z.B. verbale und nonverbale Fähigkeiten in elf größeren Bereichen, u.a. die Fähigkeit, soziale Zusammenhänge zu erkennen, Muster in ihre geometrischen Einzelteile zu zerlegen, Urteilsvermögen, allgemeines Wissen.

Eine dieser vielen Fähigkeiten, die wir in die Schublade »Intelligenz« stecken, ist die Fähigkeit, bei Tests gut abzuschneiden. Ein guter, moderner Intelligenztest kann sehr umfassend die Intelligenz in verschiedensten Bereichen messen, aber um die in gewisser Weise willkürliche Bewertung dieser Einzelfähigkeiten kommt auch der beste Test nicht herum. Strenggenommen muß man also sagen, daß Studien zum Thema »Intelligenz« sich eigentlich mit der »Fähigkeit, Intelligenztests zu machen« befassen. Diese Fähigkeit spiegelt sich dann in einem sogenannten »IQ« wider.

Dabei zeigt sich allerdings, daß der IQ eine starke erbliche Komponente hat. Identische Zwillinge, die in unterschiedlichen Haushalten aufgewachsen sind, haben eine höhere Übereinstimmung als Geschwister, die in der gleichen Familie aufwachsen. Einschätzungen der genetischen Komponente des IQ liegen bei 50 % bis 80 % (Ambron, 1981).

Trotzdem sollte dieser Faktor nicht überbewertet werden. Wie bei allen Veranlagungen bedeutet eine hohe Erblichkeitskomponente nicht, daß sich durch entsprechende Erziehung nicht wesentliche Veränderungen erzielen lassen. Wichtiger ist vielleicht, daß mit Ausnahme von geistigen Behinderungen der Mangel an Intelligenz sehr selten die Grenze darstellt, die einen Menschen daran hindert, wichtige Ziele zu erreichen. Mit durchschnittlicher Intelligenz und überdurchschnittlicher Motivation können Menschen Außergewöhnliches erreichen.

Beruflicher Erfolg z.B. hängt in sehr viel stärkerem Maß von anderen Persönlichkeitsfaktoren ab als von der Intelligenz. Selbstwertgefühl, Motivation, Durchsetzungsvermögen, soziale Attraktivität, körperliche Attraktivität usw. sind eher gefragt. Wissenschaftliche Untersuchungen zeigen: Besonders wichtig sind die sogenannten »Arbeitstugenden« wie Fleiß, Verläßlichkeit, Pünktlichkeit usw.

2.1.5 »Erbe« bei anderen seelischen Faktoren

Auch im Bereich der seelischen Gesundheit gibt es bei vielen Störungen eine Erblichkeitskomponente. Das gilt besonders für schwere psychische Krankheiten wie Schizophrenie, aber auch für bestimmte Formen der Depression.

Während z.B. in der durchschnittlichen Bevölkerung etwa 1% bis 3% (je nach Untersuchung) der Menschen an einer Schizophrenie leiden, liegt die Wahrscheinlichkeit einer Vererbung bei einem schizophrenen Elternteil in der Nähe von 10%, bei zwei schizophrenen Eltern wiederum deutlich höher, auch wenn die Kinder unmittelbar nach der Geburt in eine andere Familie adoptiert werden.

Die Bedeutung des Erblichkeitsfaktors muß aber sehr vorsichtig gesehen werden. Anhand von zwei Beispielen soll das verdeutlicht werden:

Wenn man die Erblichkeit des Körpergewichtes untersucht, stellt man fest, daß sie bei Männern sehr viel höher ist als bei Frauen. Manche Untersuchungen zeigen, daß bei Männern das

Gewicht zu über 90 % erblich bestimmt ist, während bei Frauen die Quote in der Nähe von 50 % liegt.

Bedeutet das, daß Männer hinsichtlich ihres Körpergewichts hilflos ihren Genen ausgeliefert sind? Natürlich nicht. Die Zahlen zeigen lediglich, daß man eben nicht das »Bäuchlein« oder die »starken Oberschenkel« erbt, sondern eine Veranlagung dazu. Daß Männer erheblich häufiger ihr veranlagungsgemäßes Gewicht tatsächlich erreichen, während Frauen oft erhebliche Anstrengungen unternehmen, ihr (veranlagungsgemäßes) Gewicht zu korrigieren, ist nicht zuletzt auf (modische Ideal-)Vorstellungen unserer Kultur zurückzuführen.

Im zweiten Beispiel geht es um die Erblichkeit des Alkoholismus. Es gibt sehr deutliche Hinweise darauf, daß ein starker Erblichkeitsfaktor vorliegt. Wissenschaftler haben bisher zwei verschiedene erbliche Veranlagungen unterscheiden können, von denen eine nur vom Vater auf den Sohn vererbt werden kann, die andere ist allgemein vererbbar. Beide Veranlagungen führen, wenn sie ausgelebt werden, zu unterschiedlichen Verlaufsformen des Alkoholismus.

In einer englischen Zwillingsstudie stellte sich ein Erblichkeitsfaktor von 100% für Alkoholismus heraus. Das heißt, wenn einer von zwei identischen Zwillingen alkoholabhängig war, war es in jedem Fall auch der andere, wogegen die Übereinstimmung bei nicht-identischen Zwillingen nur etwa 50% betrug. Bei vordergründiger Betrachtung ist das ein niederschmetterndes Ergebnis. Es zeigte sich allerdings, daß die Teilnehmer der Studie aus einem Kohlebergwerksmilieu kamen, in dem das Trinken bis zur Bewußtlosigkeit durchweg akzeptabel war und Jugendliche häufig sogar dazu ermutigt wurden. Mit anderen Worten: Die Erziehung zu verantwortungsbewußtem Trinken fehlte, und ob jemand alkoholabhängig wurde oder nicht, lag größtenteils an seiner körperlichen, ererbten Reaktion auf Alkoholintoxikation. Wenn Kinder von alkoholkranken Eltern dagegen in einer Umgebung aufwachsen, in der Alkohol unkompliziert, aber verantwortlich behandelt wird, fällt die Erblichkeitsrate des Alkoholismus rapide ab.

Es wird deutlich, daß Saras und Julius' Großeltern auf jeden Fall falsch liegen, wenn sie eine eindeutige Kausalität (Verhältnis zwischen Ursache und Wirkung) sehen. Persönliche Eigenschaften haben sowohl eine erbliche als auch eine erziehungsbedingte Seite. Dabei liegt nie fest, in welchem Maß der eine oder andere Faktor zum Tragen kommt. Da die Gene unveränderbar festliegen, besteht also auf jeden Fall die Möglichkeit, durch Erziehung eine gegebene Veranlagung zu fördern, zu korrigieren oder einfach zu nutzen.

Natürlich wird die Diskussion über die Rolle der Erblichkeit nicht in einem »sterilen wissenschaftlichen Raum« geführt, sondern ist auch weltanschaulich überlagert, wenn man beispielsweise an die dem Erbgut beigemessene Bedeutung denkt, die im Rassenwahn des Nationalsozialismus gipfelte. Viele befürchten heute, daß die enormen Fortschritte in der Gentechnologie schon bald wieder zu einem solchen Glauben an die Machbarkeit des »guten Menschen« führen könnten – auf Kosten derjenigen, die in den Augen der Mächtigen nicht so wünschenswert sind.

Soviel steht fest: Erziehung durch die Eltern und Lehrer, aber auch Selbsterziehung, verändern den Menschen, und oft ist es notwendig, gute Veranlagungen zu fördern, schlechte Veranlagungen zu korrigieren, einseitige Veranlagungen auszugleichen.

Im Bereich der Psyche gibt es keine erbliche Veranlagung, die so wirksam wäre, daß sie die betroffene Person auf irgendeine Weise festlegte

2.2 Erziehung und biblisches Menschenbild

Eltern, die Christen sind, wollen ihre Kinder christlich erziehen. Doch was ist eine christliche Erziehung? Die alltäglichen Erziehungsprobleme haben oft wenig mit dem Glauben zu tun. Kann man Kindern christlich beibringen, wie sie ihre Socken aufräumen oder pünktlich zum Abendessen heimkommen sollen?

Natürlich gibt es geistliche Aufgaben für die Erzieher: Den Kindern eine Lebensbeziehung zu Gott vorzuleben, mit den Kindern zu beten, Lieder zu lernen, biblische Geschichten zu erzählen, mit ihnen über Glaubensfragen zu reden, ihnen zu helfen, daß sie sich in der Gemeinde Christi zu Hause fühlen, usw. Doch ist viel von dem Geschäft der Erziehung eine Angelegenheit der Schöpfungsgesetze, also eine weltliche Sache. Diese weltlichen Aufgaben in der Verantwortung vor Gott und so gut wie möglich zu bewältigen, hat natürlich auch eine geistliche Seite.

Schöpfungsgesetze sind die Gegebenheiten, mit denen wir – ob Christen oder nicht – in der Schöpfung zu tun haben. Durch die Beobachtung der Schöpfung lernen wir sie kennen. Natürlich kann keine Einzelperson die Schöpfungsgesetze auch nur ansatzweise überschauen, geschweige denn entdecken. Glücklicherweise können wir aber neben unseren eigenen Beobachtungen auf die anderer zurückgreifen. Für die Erziehung sind solche Schöpfungsgesetze relevant, die mit zwischenmenschlichen Beziehungen, mit dem Lernen im weitesten Sinne und mit der Reifung des Menschen zu tun haben. Die wissenschaftliche Beobachtung dieser Aspekte der Schöpfung ist Aufgabe der Psychologie und der Erziehungswissenschaften.

Nun haben viele Christen starke Vorbehalte, Erkenntnisse aus den Sozialwissenschaften zu übernehmen. Im Hintergrund dieser Vorbehalte stehen häufig Erfahrungen mit ideologischen Aussagen, die aus einer atheistischen Weltanschauung kommen. Solche ideologischen Aussagen sind allerdings ebenso Glaubensaussagen wie die Inhalte des christlichen Glaubens, sind also nicht wirklich wissenschaftlich. Die *Beobachtung der Schöpfung* kann aber *an sich* weder atheistisch noch christlich sein; es kann daher keine »christliche Psychologie« geben, ebenso wie es keine »deutsche Physik« gibt (obwohl beides von unterschiedlicher Seite gefordert wird bzw. wurde).

Es gibt allerdings die *Interpretation* wissenschaftlicher Beobachtungen auf dem Hintergrund verschiedener Weltanschauungen, auch auf dem Hintergrund des christlichen Glaubens. Manche der im Namen der Wissenschaft proklamierten Interpretationen stehen im Widerspruch zu biblischem Denken; nicht immer ist durchsichtig, auf welchem Hintergrund eine Aussage basiert; es ist aber auch nicht immer nötig, diesen zu erkennen. Wichtig ist, daß eine Erziehungsmethode mit den Aussagen der Bibel vereinbart werden kann.

Natürlich ist es auch bequem, viele Dinge so zu machen, wie sie schon immer gemacht wurden. Häufig ist ja auch das erprobte Verfahren wirklich das beste, und auch was die Erziehung betrifft, gibt es sicherlich viele gute, althergebrachte Regeln. Allerdings kommen auf unsere Kinder heute Anforderungen zu, die neu sind, und auf die man sie mit den Erfahrungen unserer Großeltern nicht mehr angemessen vorbereiten kann.

Die Aufgabe der christlichen Erziehung liegt also auch darin, relevante Beobachtungen der Sozialwissenschaften zu kennen und sie auf dem Hintergrund des biblischen Menschenbildes zu verstehen.

Im Vordergrund der christlichen Erziehung steht also nicht eine wie immer geartete Tugendhaftigkeit, sondern das Evangelium

Christliche Erziehung beschränkt sich nicht auf die christlichen moralischen Werte, auch wenn der Begriff oft so verwendet wird. Die Bibel gibt natürlich klare moralische Vorgaben, aber sie weiß auch darum, daß Menschen sie nicht erfüllen.

Es scheint auf den ersten Blick relativ leicht, Kinder mit dem Inhalt des Evangeliums vertraut zu machen. Jugendstunden und Kindergottesdienste etc. helfen dabei. Es ist dagegen eine viel größere, aber auch für die Eltern dankbarere Aufgabe, das Evangelium vorzuleben. Denn gerade der von Kindern erlebte Widerspruch zwischen Worten und Lebensstil macht das Wort von der Liebe Gottes und der bedingungslosen Annahme des Sünders unglaubwürdig. Aber was bedeutet es konkret, das Evangelium zu leben? Natürlich zuerst einmal, daß die Eltern für sich selbst Gottes Gnade in Anspruch nehmen, also Christen sind. Aber aus der persönlichen Erkenntnis, daß ich Sünder bin und des Kreuzes Christi bedarf, um mit Gott ins Reine zu kommen, folgt nicht automatisch ein »vorgelebtes Evangelium«.

Durch Jesus Christus ist eine Liebesbeziehung zu Gott erst möglich geworden, und das hat für die Betroffenen – wie jede Liebesbeziehung – ganz konkrete Folgen für ihr Verhalten. Wer mit Jesus lebt, lebt anders. Und doch zeigt sich – gerade im Kontext der Familie – der gelebte Glaube nicht in erster Linie in einem besseren Leben. Es gibt Ausnahmen: Wenn ein alkoholabhängiger Familienvater nach seiner Bekehrung von der Flasche lassen kann, oder die Eltern durch einen Hauskreis lernen, wie man mit Respekt und Anstand streitet, sind die Kinder von den positiven Auswirkungen betroffen. Aber das sind die Ausnahmen. Wenn nicht in einer moralischen Überwertigkeit, wie zeigt sich gelebter Glaube in der Familie?

2.2.1 Ehrlich werden und aus der Schwachheit leben

Der neunjährige Karsten kommt aus der Schule mit einem Radiergummi im Mäppchen, der ihm nicht gehört. Im Gespräch ergibt sich, daß ein Schüler aus der anderen Klasse ihn liegengelassen hatte, und Karsten, dem der Gummi gefiel, ihn »mitgehen ließ«.

Die Mutter sagt ihm, daß er den Radiergummi zurückgeben müsse; Karsten sieht das aber noch nicht ganz ein und möchte wissen, warum. Darauf erhält er die Antwort: ». . . weil das sonst gestohlen ist, und *wir stehlen nicht.*«

Viele Christen leben so, als gehe es beim Christsein darum, besser, moralisch hochwertiger zu sein als die anderen, die Nichtchristen. Fehler, persönliche Schwächen, »kritische« Punkte im Charakter und Sünde, die man bei sich entdeckt, werden nach Möglichkeit versteckt, ignoriert oder sogar geleugnet – oft sogar »um des guten Zeugnisses willen«. Was ist das für ein Zeugnis, bei dem die eigenen Kinder doch sehr bald dahinterkommen, daß es eine Scheinwelt ist, die die Eltern aufrechtzuerhalten bemüht sind? Lassen sich andere, Außenstehende, von dieser Art Zeugnis wirklich dazu bewegen, Gott näher kennenzulernen? Wohl kaum! Im Gegenteil, sie werden eher sagen: »Das kann ich nicht; das ist nichts für mich!«

Paulus schreibt: »Daher will ich am allerliebsten mich vielmehr meiner Schwachheiten rühmen, auf daß die Kraft des Christus über mir wohne ..., denn wenn ich schwach bin, bin ich stark« (2. Korinther 12, 9 ff). Wenn Paulus sich täglich nicht nur widerwillig mit seiner Schwachheit abfindet, sondern sich ihrer »am allerliebsten rühmt«, sollte das auch in der Erziehung im Vordergrund stehen.

Zurück zu Karsten: Ein Neunjähriger kann die Aussage »wir tun dieses und jenes nicht« nur so verstehen, daß andere zwar solche schlechten Dinge tun, *wir aber bessere Menschen* sind ...

Dagegen wäre eine ehrliche Antwort: »Weißt du, manchmal möchte ich auch einfach gerne etwas haben, was mir nicht gehört. Es gibt sogar Zeiten, da bin ich richtig ärgerlich, weil andere es besser haben. Aber wenn ich dann darüber nachdenke, wie gut wir es eigentlich haben, schäme ich mich ein bißchen, daß ich so neidisch sein kann ...«

Vielleicht führt ein solches Gespräch dazu, daß die Mutter überzeugend vermitteln kann: »Wenn ich merke, was ich eigentlich für ein Mensch bin, freue ich mich um so mehr, daß Gott uns so lieb hat, wie wir sind.«

Natürlich ist es im Trubel des Alltags nicht immer möglich, so im Gespräch auf die Probleme einzugehen. Das Telefon klingelt, die ältere Schwester muß in die Flötenstunde und sucht die Noten, gleichzeitig steht das zweijährige Brüderchen in der Toilettenschüssel und »wäscht seine Schuhe ...« Aber selbst dann ist es möglich, klar und bestimmt zu sagen: »Du kannst den Radiergummi nicht behalten, weil er nicht dir gehört. Das wäre nicht richtig«, um dann zu einem späteren Zeitpunkt oder bei anderer Gelegenheit darüber zu sprechen, daß das »Haben-wollen« etwas Menschliches ist, mit dem auch Erwachsene ihre Schwierigkeiten haben.

Unsere Kinder wissen, wie wir *wirklich* sind

Eltern dürfen fehlerhaft sein und sollen zu ihren Fehlern stehen. Niemand wird Kinder aufziehen, ohne sich an ihnen schuldig zu machen, und wir werden dadurch auch nicht zu schlechten Eltern oder verlieren unsere Ehre oder den Respekt der Kinder. Im Gegenteil: Ehre und Ehrlichkeit haben viel miteinander zu tun. Und unseren Kindern können wir nicht viel vormachen; sie wissen, wie ehrlich oder unehrlich wir sind.

Die Gebote, die Gott uns in der Bibel gibt, haben ja einen Sinn, der sich unter anderem daraus ergibt, daß Gott weiß, wie menschlich wir sind. Kinder sollen ihre Eltern mit zunehmendem Alter immer weniger als »übermenschlich« erleben, sondern können davon profitieren, wenn sie miterleben, wie die Eltern manchmal mit ihren Grenzen zu kämpfen haben. Das gilt sicherlich auch für den Bereich der Sexualität.

Was sich sexuell zwischen den Eltern abspielt, geht Kinder nichts an. Eine »wasserdichte« Intimsphäre der Eltern ist eine wichtige Voraussetzung für eine erfolgreiche Ablösung des Kindes vom Elternhaus, also auch für die Selbständigkeit des späteren Erwachsenen. Wenn ein Elternteil ein oder mehrere Kinder zu intimen Vertrauten werden läßt, nimmt es dem Kind gleichzeitig die Freiheit zum Erwachsenwerden. Es geht also nicht darum, daß Eltern mit Kindern über Einzelheiten ihrer eigenen sexuellen Beziehung reden.

Wenn Heranwachsende zwar nicht in persönliche Schwierigkeiten bzw. Intimitäten der Eltern eingeweiht werden sollten, schadet es doch nicht, wenn sie mitbekommen, daß es auch für die Eltern manchmal Arbeit bedeutet, ihre Ehe in Ordnung zu halten. Teenager sollten wissen, daß Treue auch für die Eltern nicht bedeutet, daß beide immer wunschlos glücklich miteinander sind, oder daß mit der Eheschließung plötzlich andere Menschen nicht mehr attraktiv wären. Oft bedeutet Treue, daß Ehepartner ganz bewußt auf eine Beziehung mit jemand anderem verzichten oder »auf Distanz gehen«, und das fällt meistens gar nicht leicht. Über solche Erfahrungen sollten Eltern auch mit ihren Kindern reden: Eine gute Ehe entsteht nicht von allein, sondern ist mit Arbeit und Verzicht verbunden.

Das ist für den irgendwann einmal verliebten Teenager wichtig, denn er bzw. sie geht ja dann davon aus, daß die Liebe ewig vom Verliebtsein leben kann. Warum sollte man dann aber Verzichten *üben*, wenn Beziehungen ein solches Kinderspiel wären?

2.2.2 *»Tut mir echt leid, was ich da gemacht habe ...«*

Es ist Realität, daß Menschen, die eine intensive Beziehung miteinander haben, sich immer wieder aneinander schuldig machen. Zu der Aufgabe des Ehrlichwerdens in der Familie gehört daher auch, daß Eltern lernen, sich bei ihren Kindern zu entschuldigen.

Viele Kinder zucken innerlich zusammen, wenn der Vater oder die Mutter sagt: »Du, wir müssen über etwas reden. Setz dich doch bitte einmal her zu mir.« Sie wissen jetzt, daß sie etwas ausgefressen haben. Vielleicht werden Kinder offener für solche Gespräche, wenn es öfter passiert, daß ein Gespräch so oder ähnlich weitergeht: »Heute morgen beim Frühstück habe ich mich dir gegenüber sehr ungeduldig benommen. Es kann ja jedem einmal passieren, daß der Kakao umfällt – ich hätte nicht gleich so schimpfen sollen. Das tut mir leid, und ich möchte dich bitten, daß du mir das nicht mehr übelnimmst.«

Das ist übrigens auch die beste Art und Weise, Kindern beizubringen, daß es richtig ist, andere um Vergebung zu bitten, wenn man sich schuldig gemacht hat.

2.2.3 *Ziel: Ebenbildlichkeit verwirklichen*

Jeder Mensch ist Gottes Ebenbild, ob Christ oder nicht. Die Bibel argumentiert, daß der Wert jedes Menschen in der Ebenbildlichkeit begründet ist, und daß es deswegen nicht richtig ist, andere zu verletzen (vgl. Jakobus 3, 9). Und weil jeder Mensch auf gleiche Weise Ebenbild Gottes ist, ist jeder Mensch gleich wertvoll.

Die Ebenbildlichkeit ist durch den Sündenfall nicht weggenommen. Sie gehört zum Geschöpf Mensch. Durch die Loslösung des Menschen von Gott ist die Beziehung zum Geber der Gabe zerstört, nicht aber die Gabe selbst. Daß durch die zerstörte Beziehung zum Schöpfer die Möglichkeiten des Geschöpfes betroffen sind, ist klar. Diese eingeschränkte Lebensfähigkeit gipfelt letztlich darin, daß der Mensch sterben muß, so wie es Gott dem Adam gesagt hat.

Im Paradies hatten Adam und Eva ungehindert Zugang zum

»Baum des Lebens« (1. Mose 3, 22) und mußten deshalb nicht sterben.

Es geht also bei der Sterblichkeit um die Beziehung des Menschen zum Baum des Lebens, damit zu Gott selbst, und nicht um geschöpfliche Aspekte, die sich geändert haben. Mit der gestörten Gottesbeziehung ist es dem Menschen unmöglich, die Ebenbildlichkeit vollständig zu verwirklichen. Und doch hat Gott dem Menschen durch das Leben in der gefallenen Schöpfung Möglichkeiten geschenkt, die Ebenbildlichkeit in einem gewissen Maß zu verwirklichen.

Wie ein Bild in zwei Dimensionen etwas Dreidimensionales darstellt, bedeutet Ebenbildlichkeit, daß Eigenschaften Gottes in einer verringerten Dimension im Menschen angelegt sind. Dabei ist es naheliegend, die Eigenschaften, mit denen uns Gott in der Bibel vorgestellt wird, verschiedenen Aspekten der Ebenbildlichkeit zuzuordnen. Diese Zuordnung ist zwar alles andere als eine vollständige Beschreibung der Ebenbildlichkeit, es zeigt sich aber, daß wichtige psychologische Voraussetzungen für ein gutes Selbstwertgefühl durchaus Abbildungen von Eigenschaften Gottes sind. Als Beispiele seien drei der wichtigsten Bedingungen für seelische Gesundheit, Arbeits- und Gemeinschaftsfähigkeit und Identitätsbewußtsein genannt:

Gott der Schöpfer schafft schöpferische Menschen

– Gott ist Schöpfer. Auch Menschen sind kreativ und brauchen Kreativität, um produktiv zu sein. Wer nicht schaffen kann, verliert den Selbstrespekt und fühlt sich unnütz. Menschen, die wenig Erfolg ihrer Arbeit sehen, sind deutlich streßanfälliger als solche, die Erfolgserlebnisse haben. Arbeitslosigkeit ist für viele Arbeitsuchende nicht in erster Linie ein finanzielles Problem, vielmehr führt der Verlust von Selbstwert viele in die Depression. Ähnlich geht es manchen alten Menschen, die sich auf dem Abstellgleis fühlen. Eine ganzheitliche, gesunde Erziehung zielt also auch auf gute Arbeitsfähigkeit und viel Kreativität.

– Gott ist Liebe. Menschen sind in der Lage, andere selbstlos zu lieben, auch wenn sie es oft nicht tun. Es zeigt sich allerdings, daß Menschen, die wenig liebesfähig und damit auch wenig gemeinschaftsfähig sind, psychisch leiden und krank werden können. Mancher psychotherapeutische Ansatz, auch im weltlichen Bereich, sieht die mangelnde Bereitschaft zur Hingabe als ein Grundproblem des psychisch leidenden Menschen (z.B. die Schulen nach Alfred Adler, Erich Fromm oder Victor Frankl). Ein egoistisches oder egozentrisches Leben führt letztlich zu Sinnlosigkeit und Isolation. Sensibilität und einfühlendes Verstehen, sich auf andere Menschen wirklich einzulassen, scheint heute ein wichtigeres Erziehungsziel als vielleicht je zuvor.

Der Gott der Liebe schafft liebesfähige Menschen

– Gott ist der einzige Gott. Menschen gibt es zwar viele, aber jeder ist einzigartig. Und doch stecken wir uns selbst und andere immer wieder in Schubläden, kategorisieren und scheren über einen Kamm. Viele Menschen wünschen sich, so zu sein wie jemand anderes, wobei dieser falsche Wunsch im säkularen und »frommen« Mäntelchen kommen kann. Letzteres wird manchmal in der Gemeinde dadurch gefördert, daß ein sehr genaues Bild von der »geistlichen Persönlichkeit« dargestellt wird. Kleidungsstil, bevorzugtes Vokabular und Musikgeschmack werden zum Erkennungszeichen des »guten Christen«. Dabei ist die Persönlichkeitsstruktur eines Menschen nicht geistlich oder ungeistlich, so wie ja auch die Schuhgröße nicht geistlich oder ungeistlich ist. Im Gegenteil: Die Bibel erklärt, daß Gott die Vielfalt der verschiedenen Persönlichkeiten und Begabungen wünscht (1. Korinther 12), und daß es der eine Geist ist, der »jedem austeilt, wie er will« (Vers 11). Eine Erziehung zum »Einheitschristen« ist also unbiblisch. In jeder Form, »fromm« oder nicht, ist es krankmachend, wenn Menschen ihre persönlichen Erlebnisse, Gefühle und Eigenschaften verleugnen müssen, um akzeptiert zu werden. Die Fähigkeit, eine ganz und gar individuelle Persönlichkeit zu entwickeln, ist also Geschenk Gottes an den Menschen.

Der einzige Gott schafft einzigartige Menschen

Kreativität, Hingabefähigkeit und eine individuelle Identität sind nur wenige Beispiele für Fähigkeiten, die Menschen ent-

Entfaltung ist seelische Arbeit

wickeln müssen, um seelisch gesund zu sein. An diesen Fähigkeiten muß der Mensch in seinem Reifungsprozeß arbeiten; im allgemeinen bekommt er es nicht geschenkt, auch nicht durch den Glauben. Wo Reifungsdefizite vorhanden sind, sind es oft leidvolle Erfahrungen, die darauf aufmerksam machen. Dieses »Leiden an der eigenen Person« motiviert dazu, die notwendigen Reifungsschritte zu tun.

2.2.4 Selbstverwirklichung?

Christliche Erziehung zielt unter anderem darauf, daß ein Kind das Potential, welches Gott ihm schöpfungsmäßig gegeben hat, nach Möglichkeit verwirklicht. In der Sprache der Psychologie redet man von diesem Prozeß als »Selbstverwirklichung«, auch wenn dieser Begriff oft eine ganz andere Bedeutung hat. Daß die Psychologie nicht von der »Ebenbildlichkeitsverwirklichung« redet, ist klar, denn sie kennt das Geschenk, nicht aber den Geber der Gabe. (Es ist auch nicht Aufgabe der Psychologie, Gott zu erkennen, sondern bestimmte Aspekte der Schöpfung.) Leider ist der Begriff »Selbstverwirklichung« aber eben nicht eindeutig und wird häufig im Sinne eines egoistischen und moralisch verantwortungslosen Lebensstils mißbraucht, gleichbedeutend mit »Leben nach dem Lustprinzip«. Daß »Selbstverwirklichung« in dieser letzteren Bedeutung gegen Gottes Willen ist, zeigt die Bibel eindeutig. Aber auch die Psychologie kann bestätigen, daß Menschen, die »über Leichen gehen« und ihren eigenen Willen ohne Rücksicht auf andere durchsetzen, ihr »Selbst« eben nicht oder nur sehr schlecht verwirklichen. Mit dem Begriff »Selbst« sind die individuellen, seelischen Gegebenheiten einer Person gemeint. Dazu gehören auch die Bedürfnisse, sinnvoll zu leben, liebevolle zwischenmenschliche Beziehungen zu erleben, usw. Das ist nicht möglich, wenn eine Person sich nicht in andere hineinversetzen kann,

Zur wirklichen Selbstverwirklichung gehört die Fähigkeit, Verantwortung zu übernehmen, die Bereitschaft zur Hingabe und Konsequenz im Ausleben moralischer Überzeugungen

egoistisch handelt, oder nicht in der Lage ist, Frustrationen zu ertragen.

Daß eine solche Selbstverwirklichung in vieler Hinsicht gleichbedeutend ist mit seelischer Reife und damit Grundvoraussetzung für seelische Gesundheit, kann man immer wieder beobachten, nicht nur in wissenschaftlichen Untersuchungen. Es ist auch Gottes Wunsch für seine Kinder, daß sie das, was sie tun, aus ganzem Herzen tun – also aus Überzeugung; nicht, um Vorteile für sich zu erlangen (Epheser 6, 5; Kolosser 3, 22 ff).

Das Anliegen einer »Selbstverwirklichung« im guten Sinn entspricht also dem biblischen Auftrag an den Menschen, ehrlich und überzeugt zu leben, nicht zu heucheln, persönliche Stärken und Schwächen zu erkennen und zu den persönlichen Grenzen ein »Ja« zu finden.

2.2.4.1 Was ist »Selbst«?

Man kann relativ leicht beobachten, was Menschen tun. Was ihre wirkliche Überzeugung dabei ist, was sie aus Opportunismus tun oder was sie »aus ganzem Herzen« tun, ist sehr schwer zu unterscheiden. Da sich die innere Haltung eines Menschen nicht gut beobachten läßt, kann man nur indirekte Schlüsse ziehen. Trotzdem gibt es von seiten der Psychologie sowie des Glaubens Aussagen darüber, wie verinnerlichte Werte entstehen.

Humanistisch geprägte Ansätze gehen davon aus, daß Menschen, die in einer liebevollen Umgebung aufwachsen, aus sich heraus gute und sozial konstruktive moralische Überzeugungen entwickeln. Diese Sicht entspricht nicht dem biblischen Menschenbild, denn »das Dichten des menschlichen Herzens ist böse von seiner Jugend an« (1. Mose 8, 21). Auch die wissenschaftliche Beobachtung verschiedener Erziehungsstile zeigt immer deutlicher, daß Kinder, die von ihren Erziehern keine Wertmaßstäbe vorgegeben bekommen, eben nicht stabile eigene Maßstäbe entwickeln, wie das humanistische Menschenbild annimmt. Im Gegenteil: Sie entwickeln entweder gar keine stabilen Werte oder übernehmen unreflektiert die Werte ihrer Umgebung. Der amerikanische Erziehungswissenschaftler William Coulson hat eindrucksvoll gezeigt, daß die humanistische Erziehungsphilosophie Kinder völlig überfordert und zu katastrophalen Ergebnissen führt.

Coulson untersuchte die Ergebnisse unterschiedlichster Schulungsprogramme, die darauf basieren, daß Kinder ohne Wertvorgaben von seiten anderer ihre eigenen Überzeugungen entwickeln. Im Mittelpunkt dieser Erziehung steht also der Prozeß der individuellen Entscheidungsfindung bei gleichzeitigem Verzicht auf jegliche Beeinflussung der Kinder. Sowohl in der Sexualerziehung als auch in anderen Bereichen zeigt sich, daß diese Form der Erziehung nur gut für zwei Gruppen von Personen zu sein scheint: Diejenigen, die ihr Geld damit verdienen, solche Erziehungsprogramme zu erstellen, und diejenigen, die ihr Geld mit dem Verkauf von Sex, Drogen, Tabak, Alkohol usw. verdienen. Die Untersuchungsergebnisse sprechen für sich. Jugendliche, die solche »nicht-direktive Drogenerziehung« genossen hatten, benützten durchschnittlich häufiger illegale Drogen als die Jugendlichen, die gar keine Drogenerziehung hatten. Dagegen hat sich gezeigt, daß die »Just-say-no«-Kampagne (»Sag einfach Nein!«) durch die Kinder schon in den ersten Schuljahren aktiv beeinflußt werden, zu Drogen »Nein« zu sagen, gute Erfolge hat. Daß in weiten Teilen der USA der Drogenmißbrauch seit etwa 1988 deutlich rückgängig ist (im Gegensatz zu Deutschland), liegt sicherlich zum größten Teil an dieser Kampagne.

Vielleicht hat die Tabakindustrie ebenfalls längst erkannt, wohin eine »wertfreie« Erziehung führt. 1985 brachte das amerikanische »Tobacco Institute« (eine Organisation der Tabakindustrie) die Erziehungsanleitung »Helping Youth Decide« (»der Jugend helfen, sich zu entscheiden«) heraus. Darin findet sich die humanistische Erziehungsphilosophie in reinster Form. Eltern werden angewiesen, möglichst viele Entscheidungen den Kindern zu überlassen und sie dabei nicht zu beeinflussen. Sie sollen sich als Gesprächspartner zur Verfügung stellen, aber keine oder minimale Erwartungen an das Kind stellen, daß es den Ratschlägen der Eltern wirklich folgen solle. Coulson (1985) schreibt:

»... obwohl dieses Buch ernsthaft sein mag in dem Versuch, vom Rauchen abzuhalten, geht es darin nicht um das Rauchen, sondern darum, was Mütter und Väter tun können, um ihren Teenagern zu helfen, bessere ›Entscheidungsfähigkeit‹ zu erlernen.« Coulson kommt zu dem Schluß: »Wenn der Fuchs predigt, bewache die Gänse!«

Entscheidungsfähigkeit ist sicher eine wichtige und notwendige Bedingung für seelische Reife. Und in vielen Fragen ist es gut und richtig, wenn Eltern ihren Kindern sagen: »Ich weiß nicht, was für dich besser ist. Du mußt so handeln, wie du es selber richtig findest.« Aber die Hoffnung, daß man überwiegend oder ganz auf richtungweisende Beeinflussung verzichten könnte, zeigt sich heute als Illusion.

Ziel: mündig und verantwortlich leben

Es gilt also, eine gute Balance zu finden. Wer seinen Kindern ständig Vorschriften darüber macht, was sie zu denken haben, versäumt, sie zu mündigen Erwachsenen zu erziehen. Solche Kinder bleiben entweder angepaßte »Untertanen« oder sie brechen aus und rebellieren gegen die Bevormundung. Wer seinen Kindern dagegen keine Werte und Normen vermittelt, erreicht damit, daß die Kinder tatsächlich keine Werte haben.

Daß Kinder zu Erwachsenen werden, die ihre *eigene* Überzeugung haben, nach außen vertreten und leben können (Selbstverwirklichung), erfordert, daß Eltern beides tun: Freiräume lassen und Vorgaben machen. Dabei sollten die Freiräume mit der Reife des Kindes wachsen.

Selbstverwirklichung ist also wichtig, kann aber nicht das einzige Ziel einer biblischen Erziehung sein. Zum biblischen Menschenbild gehört mehr als nur die Ebenbildlichkeit. Hier unterscheidet sich das biblische Menschenbild deutlich von dem der humanistischen Weltanschauung: Nicht dadurch, daß die Bibel die Schönheit der Schöpfung und damit des Menschen leugnet (siehe Psalm 139, 14), sondern dadurch, daß sie dort nicht stehenbleibt. Der Mensch ist eben nicht *nur* Ebenbild Gottes, sondern auch böse – also Sünder.

2.2.5 *Autorität, nicht autoritär*

Manchmal wurde »christliche« Erziehung so vertreten, als ob nur Kinder böse seien, und es daher die Aufgabe der Eltern sei, das Böse aus den Kindern irgendwie herauszubekommen. Das entspricht nicht dem biblischen Menschenbild. In bezug auf die Stellung vor Gott, also das Sünder-Sein, gibt es nur einen Platz, den die Eltern ihren Kindern gegenüber einnehmen können, nämlich neben ihnen auf dem Sünderbänkchen.

Trotzdem gibt die Bibel den Eltern eine Rolle der Autorität und betont die pädagogische Aufgabe der Führung des Kindes durch die Eltern. Diese Stellung ist aber eben nicht aufgrund einer moralischen Überwertigkeit der Eltern, sondern wegen der größeren Lebenserfahrung berechtigt. Anstatt nur optimistisch darauf zu vertrauen, daß das Kind seinen eigenen, richtigen Weg schon finden wird, haben Eltern die Aufgabe, das Kind zu führen. Dabei sollen sie aber nicht dem Kind ihren eigenen Weg aufzwingen, sondern müssen die Persönlichkeit des Kindes zum Maßstab nehmen. »Erziehe den Knaben *seinem* Wege gemäß, und er wird nicht davon abweichen« (Sprüche 22, 6; Hervorhebung vom Autor).

Wenn zwei Kinder gleich erzogen werden, ist mindestens eines davon falsch erzogen

Jedes Kind braucht also ganz individuell verschiedene Erziehungsziele und -methoden. Manche Kinder muß man loben, wenn sie eine Woche lang ihre Hausaufgaben gemacht haben; andere sind so übertrieben gewissenhaft, daß man sie loben muß, wenn sie einmal so begeistert spielen konnten, daß sie sogar die Hausaufgaben vergessen haben – letztere Situation ist gar nicht so selten; nur sind es leider häufig Kinder von ebenso übertrieben pflichtbewußten oder ehrgeizigen Eltern, die solche Ermunterung brauchen, aber nicht bekommen.

Elterliche Autorität ist also keinesfalls ein »Recht« der Eltern, sondern eine Aufgabe, die liebevoll wahrgenommen werden sollte. Das Wort Gottes warnt vor dem Mißbrauch (Epheser 6, 4).

3. Erziehung als Lernprozeß

Alles, was der Mensch von seiner Umwelt mitnimmt, ist erlernt. Lernen geht also weit über den Bereich der theoretischen Wissensvermittlung hinaus. Wenn der Säugling auf sein Schreien hin gestillt wird, lernt er. Wenn eine junge Frau von der Ausbildung in das Berufsleben wechselt, lernt sie. Wenn ein alter Mann nach dem Tod der Ehefrau alleine lebt, lernt er. Der Mensch muß sich zeit seines Lebens neuen Situationen anpassen, neue Tätigkeiten üben, neue Gedanken denken. Neue Eindrücke kommen in immer unterschiedlichen Zusammenhängen auf den Menschen zu, neue Verhaltensweisen werden nötig.

Leben heißt lernen

Dabei ist das Verarbeiten von neuen Sinneseindrücken nicht nur notwendig, um sich neuen Situationen anzupassen, sondern der Mensch ist offensichtlich auch dazu geschaffen, ständig neue Informationen aufzunehmen. Wenn das Wort »lernen« auch für viele Menschen nicht nach Vergnügen klingt, gibt es, genauer betrachtet, wenig, was Freude macht, das nicht eigentlich ein Lernerlebnis ist. Kinder, die vor dem Bildschirm sitzen, lernen; die Frage ist nur, ob es gut ist, was sie lernen. Erwachsene, die in ihrer Freizeit auf einem Segelboot in der Sonne liegen (oder auch nur andere dabei beobachten), lernen z.B., daß diese Umgebung mit einer angenehmen, entspannten Stimmung zu verbinden ist. Die Fernsehwerbung nützt das aus, indem sie ihrerseits wieder das Produkt, das es zu verkaufen gilt, durch entsprechende Bilder mit einer solchen Stimmung verknüpft. Kurz: Wer lebt, lernt. Das Verarbeiten von Sinneswahrnehmungen bedeutet immer einen Lernprozeß.

Wenn man Menschen künstlich von allen Sinneseindrücken abschirmt, indem man sie in einem dunklen, akustisch dichten Tank schwimmen läßt, produziert das Gehirn schon nach kurzer Zeit seine eigenen »Sinneswahrnehmungen« in Form von Halluzinationen. Auf Dauer ist die Isolation für den Menschen sehr qualvoll. Folterregimes haben sich diese Tatsache zunutze gemacht, um eine »Gehirnwäsche« vorzunehmen. Nach längerer

Isolation wird jeder beliebige Mensch zum innig ersehnten Gesprächspartner, dem gegenüber man sehr wenig kritikfähig ist. Ebenso zeigt sich bei Untersuchungen in Altenheimen, daß Kontakte mit der Außenwelt sogar lebensverlängernd wirken. Es geht dabei nicht nur um persönliche Freundschaften (die natürlich auch wichtig sind), sondern um die Möglichkeit, ständig neue Impulse zu erhalten und sich durch Lernprozesse anzupassen. Diese Eigenschaft des Menschen, fortwährend zu lernen, unterscheidet ihn auch vom Tier, bei dem das Lernen nach dem Erreichen der Reife eine untergeordnete Rolle spielt (vgl. Dieterich, 1989, S. 71).

Die Auseinandersetzung mit der Umwelt ist Voraussetzung für das Lernen: Was man hören, sehen, fühlen, riechen kann, präsentiert Reize, die miteinander verknüpft werden. Der Lernprozeß beinhaltet aber neben der Wahrnehmung von Reizen, daß auf bestimmte Reize spezifische Verhaltensweisen erfolgen. »Verhaltensweisen« sind dabei nicht nur die äußerlich sichtbaren Tätigkeiten, sondern schließen auch Gedanken und Gefühle mit ein. Lernen wird von der Psychologie als »eine überdauernde Verhaltensänderung« definiert, wobei vorausgesetzt wird, daß eine Verhaltensweise im Zusammenhang mit einem bestimmten Satz von Umweltreizen steht.

Einsicht ist noch lange nicht alles . . .

Die Psychologie unterscheidet zwischen verschiedenen Lernprozessen. Einer davon ist das »Lernen durch Einsicht«. Meistens meinen wir diese Form, wenn wir das Wort »lernen« gebrauchen: Vermitteln von Gedanken, Verständnis, Wissen usw. Andere Lernprozesse sind jedoch viel häufiger am Werk, auch wenn sie uns weniger bewußt sind.

Beispiel: Fahrrad fahren

Auf einem Fahrrad zu fahren, ist eine ungemein komplizierte Tätigkeit. Die Beziehung zwischen Geschwindigkeit, Neigungswinkel des Fahrrades, der gewünschten Fahrtrichtung und dem nötigen Lenkereinschlag ist nur in komplizierten mathematischen Formeln zu beschreiben. Ohne große physikalische Kenntnisse können wir also nicht beschreiben, wie man ein Fahrrad fährt, aber wir können es bereits im Alter von drei bis vier Jahren lernen.

Das Kind lernt dabei, bestimmte Wahrnehmungen (z.B. »Fahrrad kippt«) mit bestimmten Verhaltensweisen (»Lenker einschlagen, schneller treten«) zu verknüpfen. Erfolg bestätigt die angemessene Verhaltensweise, die Korrekturen werden immer schneller und in ihrer Größe angemessener. Bald wird aus den Schlangenlinien eine gerade Strecke.

So sind die meisten Lernprozesse: Wir verstehen nicht unbedingt, was wir tun; wir können es auch nicht beschreiben; wir sind uns oft gar nicht bewußt, welche Reize mit welchen Verhaltenweisen »beantwortet« werden; aber wir verhalten uns »automatisch« so, daß es funktioniert.

Natürlich ist das Lernen durch Einsicht eine wichtige Form des Lernens, die auch in der Erziehung eine bedeutende Rolle spielt. Eltern sind sich dieser Tatsache meistens bewußt. Dagegen sind sich viele Eltern nur sehr wenig im klaren darüber, wie wichtig die »automatischen« Lernerfahrungen sind, die mit Einsicht wenig zu tun haben. Man unterscheidet:

1. Das klassische Konditionieren
2. Das operante Konditionieren
3. Das Lernen am Modell

3.1 Klassisches Konditionieren

Es gibt viele Situationen, in denen der Mensch spontan reagiert, ohne die Reaktion erlernt zu haben. Zum Beispiel muß ein Kind nicht lernen, Angst vor sehr lauten Geräuschen zu haben. Man muß nicht lernen, zu weinen, wenn man Schmerz empfindet. Man muß nicht lernen, Speichel zu bilden, wenn man ißt.

Diese natürlichen Zusammenhänge zwischen äußeren Gegebenheiten (»Reizen«) und den Reaktionen des Menschen finden automatisch statt. In der Sprache der Lerntheorie handelt es sich um »nicht-konditionierte Reiz-Reaktionszusammenhänge«.

Es geschieht häufig, daß ein bestimmter Reiz, der natürlicherweise eine bestimmte Reaktion auslöst, mit anderen Reizen gekoppelt ist, die an sich gar keine oder eine andere Reaktion auslösen würden.

So mag ein lautes Geräusch, das angst macht, regelmäßig im Zusammenhang mit einem bellenden Hund aufgetreten sein. Nach einer Weile löst der Hund die gleiche Angst aus, auch wenn er gar nicht bellt. Das bloße Erscheinen eines Hundes kann dann plötzlich eine Panik auslösen.

Eine Ohrfeige stellt einen Reiz dar, der natürlicherweise Tränen auslöst. Wenn ein solcher Reiz häufig gepaart auftritt mit einer bestimmten Person, kann es durchaus passieren, daß die Anwesenheit dieser Person auch ohne Ohrfeige zu Tränen führt. Kinder, deren Eltern oft gereizt sind und viel strafen, zucken vielleicht zusammen, wenn ihnen die Eltern nahe kommen und sind in ihrer Anwesenheit oft »weinerlich«.

Wer einmal in einem Aufzug steckengeblieben ist, wird vielleicht eine Zeit brauchen, um wieder ohne Herzklopfen einen Aufzug betreten zu können, auch wenn der gar nicht steckenbleibt.

So gibt es viele äußere Situationen, die durch bestimmte vorausgegangene Erlebnisse positiv oder negativ belastet sind, obwohl sie »an sich« völlig neutral sind. Welche Gefühle erleben Sie, wenn Sie Ihr altes Schulgebäude besuchen? Wenn Sie einen Orgelchoral hören? Wenn Sie Ihrem Chef im Treppenhaus begegnen? Wenn Sie an Ihrem Urlaubsort ankommen? ...

Es gibt fast keine Situation, der man völlig unvoreingenommen gegenübertritt. Jede Umgebung bringt mehr oder weniger starke Reaktionen hervor, die sich oft nicht auf die Umgebung selber, sondern auf Erlebnisse in dieser oder einer ähnlichen Umgebung beziehen. Selbst eine ganz neue Situation erinnert oft an ähnliche, bekannte Situationen. Diese Verknüpfung von Umweltreizen und bestimmten Reaktionen nennt die Psychologie »klassisches Konditionieren«.

Welche Gefühle konditionieren wir mit dem Wort Gottes und der Gemeinde, wenn Kinder lange stillsitzen müssen, ohne die Predigt zu verstehen? Welche Gefühle verbinden sich mit biblischen Geschichten, wenn sie spannend erzählt werden und dann vielleicht nachgespielt werden können? Nicht wenige Erwachsene haben ein sehr gespanntes Verhältnis zur Bibel, weil sie damit eine gezwungene Atmosphäre verbinden. Das lebendige Wort Gottes ist für sie zur Pflichtlektüre geworden, oder sie haben gar keine Beziehung mehr dazu.

Glücklicherweise kann man alles, was man gelernt hat, umlernen. Es gibt also keinen Grund, sich selbst in den Erfahrungen der Vergangenheit festzulegen: »Ich bin nun mal so.« Im Gegenteil: Weil der Mensch sowieso darauf angewiesen ist, ständig neu zu lernen, sind Lernerfahrungen der Vergangenheit revidierbar.

Auch Sprache, Kleidung usw. sind Reize, die mit bestimmten Verhaltensweisen verknüpft sind. Die Sprache bei einer Party ist eine andere als in einer geschäftlichen Verhandlung, und wir verhalten uns »automatisch« entsprechend, wenn wir einem bestimmten Sprach- oder Kleidungsstil begegnen. Diese Tatsache gilt auch umgekehrt. Wenn wir erreichen möchten, daß die Verkündigung im Alltag zu Veränderungen führt, sollten wir nicht eine besondere Sprachform für »Frommes« entwickeln. Die »fromme« Sprache verhindert sonst, daß ihre Inhalte auch außerhalb des Gottesdienstes Bedeutung haben.

»Welch ein Vorrecht ist es doch, wissen zu dürfen, daß unser himmlischer Vater stets seine Hand über uns hält und uns Bewahrung zuteil werden läßt . . .« Was der Redner sagt, ist wichtig und richtig; wie er es sagt, verhindert jedoch, daß es im Alltag Bedeutung hat. Wer denkt schon bei der Heimfahrt vom Gottesdienst noch daran, daß Gott uns z.B. auch im Straßenverkehr begleitet? Vielleicht wäre das anders, wenn der Redner gesagt hätte: »Es ist nicht selbstverständlich, daß es uns gut geht. Das Leben ist gefährlich. Und da können wir uns einfach im klaren darüber sein, daß Gott ständig auf uns aufpaßt.«

Eltern müssen sich bewußt sein, daß solche Lernprozesse stattfinden und genutzt werden können. Einige konkrete Anwendungen sollen kurz angedeutet werden:

– Kritik an Verhaltensweisen der Kinder sollte mit einer angenehmen Atmosphäre verbunden werden. Kinder lernen so, daß man konstruktive Kritik nicht vermeidet, sondern sucht. Zu einem Gespräch über ein Problem gehören also vielleicht ein paar Salzstangen oder ein Glas Saft.

– Wenn eine unerwünschte Verhaltensweise unangenehme Konsequenzen für das Kind hat, sollten diese Konsequenzen so direkt wie möglich mit der Verhaltensweise verknüpft sein, nicht mit der Person des Strafenden. Ansonsten wird das Kind dazu tendieren, nicht die Verhaltensweise zu vermeiden, sondern die Begegnung mit den Eltern. Ein Beispiel: Der zehnjährige Sebastian hat jetzt zum dritten Mal in dieser Woche seinen Teller umgekippt. Eine logische Konsequenz ist, daß er der Mutter bei der Wäsche helfen muß, denn die Tischdecke muß ja gewaschen werden. Eine Ohrfeige dagegen tut hier nur demjenigen gut, der sie gibt.

– Fernsehen ist keine gute Belohnung. Wenn die Erlaubnis zum Fernsehen häufig mit dem Lob der Eltern verbunden ist, lernt das Kind, daß Fernsehen bedeutet, Anerkennung zu erhalten. Damit wird programmiert, Fernsehen als Flucht aus Minderwertigkeitsgefühlen zu benutzen – »wenn ich Anerkennung suche, kann ich ja fernsehen ...« Hier wird deutlich, daß die Vernunft oder Einsicht bei der Verknüpfung zweier verschiedener Reize überhaupt keine Rolle spielt. Das »Konditionieren« funktioniert auch bei absolut sinnlosen Verknüpfungen. Aus ähnlichen Gründen sind Süßigkeiten keine gute Belohnung.

– Kämpfe um das, was Kinder essen sollen, sollten nach Möglichkeit vermieden werden. Gemeinsame Mahlzeiten stellen in den meisten Familien den überwiegenden Anteil der Zeit dar, in der die Familie zusammen ist. Wenn diese Zeit häufig besonders gespannt ist, wird das Kind die Familiengemeinschaft nach einer Weile mit Spannung erleben. Da heute viele Menschen mit Übergewicht kämpfen, ist es sowieso sinnvoller, Kindern beizubringen, daß sie wirklich nur soviel essen, wie sie Hunger haben. Daß Verschwendung von Essen und anderen Rohstoffen nicht richtig und kostenträchtig ist, lernen Kinder viel sinnvoller, wenn sie an Einkauf und Haushaltsplanung, auch mit den finanziellen Aspekten, ihrem Alter entsprechend beteiligt werden.

– Kinder stehen in der Schule oft unter starkem Leistungsdruck. Das kann soweit gehen, daß jegliche schulische Aufgabe mit Spannung verbunden wird, die sogar zu einer Blockade führen kann. Wenn Kinder so konditioniert sind, Schulaufgaben mit Angst zu verbinden, sollten Eltern »gegenkonditionieren«. Anstatt die Spannung noch zu vergrößern (»Reiß dich zusammen!«), können Eltern dem Kind helfen, sich erst mal zu entspannen, um dann entspannt an die Aufgaben zu gehen. »Du bist ja ganz verkrampft. Jetzt atme erst mal tief durch, und wie wäre es, wenn ich dir ein bißchen den Rücken massiere, bevor du deine Hausaufgaben machst?« Das geht natürlich nicht, wenn die Eltern selber nervös daneben sitzen.

Diese Beispiele sollen zeigen, daß es viele denkbare Situationen gibt, in denen wünschenswerte und unerwünschte Verknüpfungen gefördert bzw. unterbunden werden können. Voraussetzung ist natürlich, daß Eltern sensibel sind für diese Art von Lernerfahrungen. Sie sollen sich fragen: Welche verhaltensmäßige oder gefühlsmäßige Reaktion erlebt mein Kind in dieser Situation? Welche Reaktion wäre besser? Wie kann ich diese bessere Reaktion fördern?

3.2 Operantes Konditionieren

Diese zweite Form des Lernens hat vieles gemeinsam mit der ersten. Auch hier geschieht der Lernprozeß, ohne daß der Lernende verstehen muß, wie und was er lernt, scheinbar automatisch. Wie bei der ersten Form kann man mit operantem Konditionieren auch Verhaltensweisen beeinflussen, die nicht unter freiwilliger Kontrolle der Person stehen (z.B. Angst zu haben oder zu weinen).

Erfolg führt zur Wiederholung ... Mißerfolg zum Abgewöhnen

Operantes Konditionieren bedeutet, daß die Wahrscheinlichkeit eines Verhaltens durch darauffolgende angenehme oder unangenehme Ereignisse größer oder kleiner wird. In einem einfachen Fall kann das sein, daß eine erwünschte Tätigkeit (das Kind hilft im Haushalt) regelmäßig belohnt wird (die Mutter lächelt freundlich und bedankt sich). Die Belohnung ist ein Verstärker, d.h., in aller Regel trägt sie dazu bei, daß ähnliche Verhaltensweisen wiederholt werden. Umgekehrt, allerdings weit weniger effektiv, dient eine unangenehme Konsequenz dazu, ein Verhalten in der Zukunft weniger wahrscheinlich zu machen.

So einfach das klingt, gibt es doch viele Erziehungsprobleme, weil Eltern sich oft nicht bewußt sind, daß solche Gesetzmäßigkeiten existieren.

Kerstin wird vom Vater dabei beobachtet, wie sie ihre kleine Schwester mit Sand bewirft. Der Vater, der das nicht billigt, ruft ihr aus einiger Entfernung zu, daß sie zu ihm kommen soll. Kerstin kommt daraufhin angelaufen und bekommt einen Klaps auf die Hand: »Daß du das nicht noch einmal machst!«.

Auf welches Verhalten hat dieser Klaps die größte Wirkung? Nicht auf die, die verbal mit dem Klaps verbunden wird (Sand werfen), sondern auf die, die direkt vorhergeht (dem Ruf des Vaters folgen). Kerstins Vater hat sie also dafür bestraft, daß sie ihm gehorcht hat und auf seinen Ruf hin gekommen ist.

Umgekehrt werden unerwünschte Verhaltensweisen oft verstärkt, ohne daß sich die Eltern dessen bewußt sind.

Der fünfjährige Andreas ist mit beim Einkaufen. Es gibt so viele schöne Sachen zu sehen, und Andreas gefällt auch so manches. Ständig fragt er die Mutter nach diesem oder jenem Spielzeug. »Aber«, sagt die Mutter, »heute gibt es nichts.«

Andreas fängt nun an, lautstark zu heulen. Er zerrt am Mantel seiner Mutter und klagt: »Nie krieg ich was ... Du bist gemein!« Schließlich – um des lieben Friedens willen – kauft die Mutter ihm ein kleines Auto.

Andreas wird bald lernen: Je lauter ich brülle, desto sicherer bekomme ich etwas. Genau die Verhaltensweise, die die Mutter verhindern wollte, hat sie verstärkt. Beim nächsten Einkauf wird Andreas noch hartnäckiger zetern, wahrscheinlich mit Erfolg.

Eine andere Möglichkeit wäre gewesen, Andreas vor die Wahl zu stellen, entweder mit dem Gezeter aufzuhören, oder z.B. im

Auto warten zu müssen. Es ist zwar im Moment aufwendiger, das Kind aus dem Supermarkt in das Auto zu bringen, aber auf Dauer gesehen macht eine liebevolle, aber konsequente Umgehensweise das Leben nicht nur für Andreas, sondern auch für die Eltern einfacher.

Erwünschte Verhaltensweisen werden dagegen oft als »selbstverständlich« angesehen und ignoriert. Dabei ist eine verbal ausgesprochene Anerkennung ein sehr effektiver Verstärker. Wenn Andreas sich kooperativ benimmt, sagt die Mutter beim Ausgang an der Kasse: »Das war jetzt schön, daß du mit dabei warst. Du hast prima geholfen beim Einkaufen.«

Wie bereits erwähnt, beeinflussen Verstärker auch Verhaltensweisen, die nicht absichtlich ausgeführt werden. Nächtliches Bettnässen ist z.B. bei Jungen besonders häufig, wenn jüngere Geschwister geboren werden. Strafe ist dabei sehr ineffektiv, denn sie beinhaltet ja auch, daß die Eltern sich intensiver mit dem Kind befassen. Damit erreicht das Bettnässen, wenn auch über negative Zuwendung, daß der Aufmerksamkeitsverlust, der durch die Geburt des jüngeren Geschwisterchens bedingt ist, zum Teil wieder rückgängig wird. Es ist hier viel sinnvoller, mit einem »Erfolgskalender« zu arbeiten. Für jede trockene Nacht darf das Kind einen kleinen Stern auf den Kalender kleben, bei einer trockenen Woche am Sonntag einen großen Stern. So bezieht sich die Aufmerksamkeit und Anerkennung auf die erwünschten Verhaltensweisen und wird zum Verstärker.

Strafe: mehr Schaden als Hilfe

Überhaupt ist Strafe kein sehr effektiver Weg, um dauerhafte Verhaltensänderungen herbeizuführen. Wenn ein Verhalten gleichzeitig Erfolg hat (»funktioniert«) und bestraft wird, führt das dazu, daß die strafende Person gemieden wird; denn das Verhalten selbst wird ja durch den Erfolg auch verstärkt. Wie im vorhergegangenen Beispiel angedeutet, hat Strafe sogar manchmal einen Verstärkungscharakter, insbesondere, wenn das Kind die Aufmerksamkeit der Eltern vermißt.

Wenn das Kind in bezug auf Verhaltensänderungen auf Mißerfolge so sensibel reagieren würde wie auf Erfolge, würden wir wahrscheinlich viele Dinge nie lernen. Wie oft muß ein Krabbelkind hinfallen, bis es die ersten Schritte tut? Wie oft muß man ein Klavierstück üben, bevor man es ohne Fehler kann? Während angenehme Konsequenzen eine sehr starke motivierende Wirkung haben, sind unangenehme Folgen häufig ohne große Wirkung.

Erwische die Kinder, wie sie etwas richtig machen, und verstärke das erwünschte Verhalten

In der Erziehung sollte also das Motto gelten: Erwische die Kinder, wie sie etwas richtig machen, und verstärke das erwünschte Verhalten. Unerwünschtes Verhalten kann man sehr häufig am besten loswerden, wenn man es ignoriert bzw. dafür sorgt, daß es von anderen ignoriert wird. Es zeigt sich, daß eine Verhaltensweise, die keine Reaktion bringt, nicht häufiger wiederholt wird als eine, die bestraft wird. Am effektivsten ist natürlich, wenn eine alternative Verhaltensweise verstärkt wird.

In diesem Sinne kann auch Strafe effektiv sein, wenn nämlich zur Vermeidung einer Strafe eine alternative Verhaltensweise notwendig ist. Das setzt aber voraus, daß ein »Vertrag« besteht. Im Gegensatz zur »spontanen Ohrfeige«, die unerwartet kommt, also nicht durch eine Absprache mit den Eltern vorkalkuliert werden kann, enthält eine klare Absprache immer im voraus die Bedingungen, unter denen keine Strafe mehr eintrifft. Im Beispiel von Andreas im Supermarkt: »Wenn du jetzt mit deinem Gezeter aufhörst, kannst du hier bleiben, sonst mußt du im Auto auf mich warten.«

Konsequenzen sind effektiv

Ohne diesen Aspekt der möglichen Strafvermeidung hat eine Strafe zwar den Effekt, daß eine Verhaltensweise zwar nicht so bald, aber im allgemeinen ebenso häufig wiederholt wird wie ohne Strafe. Eine klare Absprache über positive bzw. negative Konsequenzen einer Handlung führt also zur Wiederholung bzw. Unterlassung.

Bei dem Versuch, eine Verhaltensweise zu verlernen, ist es also immer vorteilhaft, eine *alternative* Verhaltensweise zu *fördern.* Wo das nicht geht, kann man häufig dafür sorgen, daß das unerwünschte Verhalten so selten wie möglich verstärkt wird.

Eine Vorgehensweise, die sich hier sehr empfiehlt, ist das

»Time out«. Diese aus den Regeln des amerikanischen Football-Spiels übernommene Methode bedeutet schlicht und einfach, daß das Kind nach einer unerwünschten Handlung aus der Situation herausgenommen wird (ohne Strafe wie z.B. Schimpfen usw., welches ja auch immer besondere Aufmerksamkeit bedeutet) in eine möglichst »verstärkerfreie« Situation. Dabei reicht eine kurze Zeit (maximal wenige Minuten), um gute Erfolge zu erzielen.

Ein Beispiel: Sven sitzt am Eßtisch und ärgert ständig seinen kleinen Bruder. Nach einer verbalen Ermahnung durch den Vater macht er aber schon bald weiter, und die Spannung steigt. Wenn der Vater jetzt zornig wird und »Dampf abläßt«, tut ihm das zwar gut (das heißt, die Handlungsweise »Dampf ablassen« wird automatisch verstärkt und damit in der Zukunft wahrscheinlicher), nur leider hat sie so gut wie keinen positiven Effekt auf Sven. Im Gegenteil: Er lernt, das Geschimpfe des Vaters zu ignorieren, und lernt vom Vater, daß man mit unbeliebten Situationen umgeht, indem man sein Gegenüber anschimpft.

»Time out« ist hier eine weitaus effektivere Vorgehensweise: »Sven, dein ständiges Ärgern geht mir auf die Nerven; bitte setze dich für ein paar Minuten ins Wohnzimmer. Du kannst gerne wiederkommen, wenn du mit dem Ärgern aufhören magst!« Was passiert? Zuerst einmal hat Sven miterlebt, daß man auch im Konflikt respektvoll miteinander umgeht. Außerdem wird sein Hänseln jetzt nicht durch die ärgerliche Reaktion des jüngeren Bruders, die Sven ja genießt, verstärkt, denn die bekommt er im Wohnzimmer nicht mit. Drittens liegt es an ihm, einen Entschluß zu fassen, mit dem Hänseln aufzuhören. Dieser Entschluß wird dann verstärkt, indem er in diesem Moment wiederkommen darf und weiter essen kann. Wenn man »Time out« die ersten Male anwendet, mag es dem Kind als Strafe erscheinen. Aber schon relativ bald lernt es, daß es ja selber in der Lage ist, das »Time out« zu beenden. Die meisten Kinder reagieren auf »Time out« recht kooperativ.

Wenn noch dazukommt, daß die Begründung für das »Time out« nicht Vergeltung (»Du bist böse gewesen, jetzt wirst du bestraft«) ist, sondern den echten Bedürfnissen der Mitmenschen entspricht (»Das Gehänsel geht mir auf die Nerven!«), wird die Gerechtigkeit dieser Vorgehensweise auch schon relativ jungen Kindern bewußt.

3.2.1 Verstärker gezielt einsetzen

Zuerst einmal hat man in vielen Fällen gar keine Wahl, denn viele Verhaltensweisen werden durch natürliche, logische Konsequenzen verstärkt. Der Ausspruch Michail Gorbatschows: »Wer zu spät kommt, den bestraft das Leben«, gilt sicher nicht nur in der großen Politik. Wo immer möglich, sollten Eltern ihre Kinder durch »das Leben« erziehen lassen.

Susanne hat trotz zwölf Jahren Erziehung bisher versäumt zu lernen, ihre Schmutzwäsche in den Wäschesack zu bringen. Jedesmal, bevor ihre Mutter die Waschmaschine startet, kämpft sie sich erst durch verschiedene Wäscheansammlungen in Susannes Zimmer und schimpft dann mit ihrer Tochter wegen dieser Unordnung.

Eines Tages entschließt sich die Mutter, nur noch die Wäsche zu waschen, die im Wäschesack ist, und sagt das auch Susanne. Und prompt geschieht, was geschehen muß: Zur Geburtstagsfeier der Freundin findet sich keine saubere Bluse, dafür aber ein ganzer Berg schmutzige. Empört beschwert sich Susanne bei der Mutter. Deren Reaktion: »Das tut mir wirklich leid; ich kann mir denken, daß du nur ungern eine verschmutzte Bluse zum Geburtstag anziehen magst . . . aber ich akzeptiere nicht, daß du *mir* dafür einen Vorwurf machst!«

Kinder müssen aus Fehlern lernen dürfen

Damit Kinder die notwendigen Dinge lernen, die sie im Leben brauchen, müssen sie Fehler machen dürfen, ohne daß die Eltern an ihnen herumnörgeln, sie ständig erinnern, ermahnen usw. Das bedeutet natürlich, daß Eltern aushalten können, daß Kinder einmal nicht perfekt sind. Wäre Susannes Mutter selber zu ehrgeizig und würde sich daher schämen, wenn Susanne einmal nicht absolut sauber gekleidet ist, müßte sie sicherstellen, daß genug frische Wäsche da ist. Damit macht sie sich aber verantwortlich für einen Bereich, den man einer Zwölfjährigen ohne weiteres zumuten kann, und nimmt damit die Verantwortung von der Tochter weg.

Für viele Situationen ist »das Leben« aber nicht der richtige Lehrmeister. Wäre Susanne nicht zwölf, sondern vier Jahre alt, wäre es eine Überforderung, sie für ihre Wäsche ganz verantwortlich zu machen. Trotzdem kann ja auch ein vierjähriges Kind lernen, seine Wäsche an die richtige Stelle zu tun. Das heißt, Eltern müssen dann die Rolle übernehmen, Konsequenzen einer Handlung »künstlich« zu bestimmen und durchzuführen. Damit das effektiv geschieht, sollte man einige Regeln einhalten:

Am Anfang: Viel verstärken

1. Um ein *neues* Verhalten einzuüben, ist es hilfreich, wenn regelmäßig, möglichst jedesmal, verstärkt wird.

Beat ist im dritten Schuljahr und hat bisher im Haushalt so gut wie nicht helfen müssen. Nun möchte die Mutter aber, daß er anfängt, sich an häuslichen Aufgaben zu beteiligen. An dieser Stelle ist es sinnvoll, eine übernommene Aufgabe regelmäßig zu überprüfen und zu bestätigen, was gut gemacht wurde: »Danke fürs Tischdecken! Du hast das prima gemacht!«

Erlerntes: Weniger häufig verstärken

2. Eine *bereits erlernte* Verhaltensweise sollte manchmal, aber nicht immer verstärkt werden. Die konsequente Verstärkung einer Verhaltensweise trägt zwar dazu bei, daß sie schneller und gründlicher erlernt wird, aber auch, daß sie schneller wieder verlernt wird, wenn sie einmal nicht mehr verstärkt wird.

Beat hat nach einiger Zeit die Aufgabe, den Abendbrottisch zu decken, selbständig übernommen. Jetzt ist es wahrscheinlich besser, wenn die Mutter von Zeit zu Zeit anerkennt, daß er ihr damit hilft, aber nicht mehr jeden Abend.

Lernziel: Selbstmanagement

3. Es ist gut zu lernen, sich selbst für erwünschte Verhaltensweisen zu verstärken. Damit Kinder weniger abhängig von den Eltern werden, ist es wichtig, daß sie lernen, sich selbst zu bestätigen bzw. anzuerkennen – also ihre eigenen Lehrer zu werden.

Beat hat zwar gelernt, im Haushalt mitzuhelfen, hat aber inzwischen Schwierigkeiten bei den Hausaufgaben. Wenn die Mutter nicht daneben sitzt, träumt er mehr als daß er arbeitet. Die Mutter macht folgenden Vorschlag: »Wenn du die erste Hälfte der Aufgaben gelöst hast, komm doch zu mir in die Küche, dann machen wir eine kleine Schwatzpause mit einem Glas Milch!«. Lob oder Anerkennung kann gezielt darauf hinarbeiten, daß der Lernende selbst für die Verstärkung zuständig ist: »Also ich glaube, jetzt kannst du dir wirklich auf die Schulter klopfen. Du hast ja die ganze Woche so zügig Hausaufgaben gemacht . . .«

Im übrigen ist es für viele Erwachsene nicht selbstverständlich, daß es gut und richtig ist, eigene Erfolge anzuerkennen. Hier führt eine falsche Demutshaltung oft dazu, daß Menschen ihre Erfolgserlebnisse selber wieder zerstören. Ein solches falsches Denken bildet dann manchmal den Hintergrund für eine depressive Störung.

3.3. Lernen am Modell

Unter bestimmten Voraussetzungen findet Lernen durch Imitation sehr schnell und effektiv statt, auch wenn keine direkten Verstärker zu finden sind. Es scheint viele Situationen zu geben, in denen man einfach das macht, was man bei jemand anderem beobachtet. Beim Lernen am Modell geht es meistens nicht um bewußtes, zielgerichtetes Nachahmen von bestimmten Tätigkeiten, sondern um einen Prozeß, der weithin automatisch abzulaufen scheint. Der Lernende verändert sein Verhalten oder erwirbt neue Fertigkeiten oft, ohne es überhaupt zu merken.

Dabei gibt es zwei Hauptfaktoren, die zu schnellerem Lernen am Modell beitragen; erstens, um welche Art von Verhaltensweisen es sich handelt; zweitens, die Beziehung zwischen Modell und Lernendem.

Die Bereiche, die sich am schnellsten durch Imitation vermitteln, sind soziales und sprachliches Verhalten: Die Art, wie man mit anderen Menschen umgeht, wie man spricht, Gestik – alles, was mit Beziehungen und Sprache zu tun hat.

Man imitiert aber nicht willkürlich jeden, den man beobachtet. Zum einen findet ein hohes Maß an Imitation statt, wenn der Lernende sich mit dem Modell identifiziert, also möglichst viele Ähnlichkeiten hat. Söhne imitieren z.B. ihre Väter mehr als ihre Mütter, schüchterne Kinder imitieren eher zurückhaltende Personen, Erwachsene imitieren im allgemeinen eher solche Personen, die ihnen bzw. ihrem Elternhaus in etwa ähnlich sind in bezug auf Hautfarbe, Kleidungsstil, Lebensstandard, Sprache.

Neben dem Vorhandensein möglichst vieler Gemeinsamkeiten wird das Imitationslernen aber auch durch einen Unterschied zwischen Modell und Lernendem gefördert, nämlich dem Status beider. Je größer der Status des Modells (in bezug auf den Lernenden) ist, desto mehr tendieren Menschen dazu, sich Verhaltensweisen abzusehen. Das heißt, Menschen, die sich inkompetent, minderwertig, unterlegen, wenig respektiert fühlen, lernen am effektivsten von anderen, die sie als kompetent, beliebt, überwertig, geachtet ansehen.

Wenn ein Kind in den Kindergarten gekommen ist, stellt man oft innerhalb weniger Tage fest, daß es sich in seinem sozialsprachlichen Verhalten sehr ändert. Plötzlich hört man einen Tonfall in der Stimme, der einem von der Erzieherin her bekannt ist; das Vokabular ändert sich rasch und nicht immer zum Guten.

Dabei kann man beobachten, daß die kopierten Verhaltensweisen meistens von den älteren, in der Gruppe dominanten Kindern oder den Erzieherinnen übernommen wurden.

Wie die Alten sungen ... Kinder lernen, was sie bei anderen sehen

Die Bedeutung des Imitationslernens wird meistens unterschätzt. Nachweislich richten sich Kinder in ihrem Sozialverhalten fast durchgängig danach, wie die Eltern sich verhalten – nicht nach dem, was die Eltern ihnen sagen. Ein Beispiel ist die Ohrfeige, die von dem Satz begleitet wird: »Ich werde dich schon noch lehren, die Kleinen zu schlagen! Paß bloß auf!« Hier steht Modellernen im Widerspruch zur verbalen Aufforderung, und dabei »gewinnt« ersteres. Das bestätigen auch viele Untersuchungen, die zeigen, daß Kinder eine sehr starke Tendenz dazu haben, ungefähr so zu werden wie ihre Eltern sind, gleich, welche Erziehungsmethoden die Eltern anwenden. Die bewußte Einbeziehung des Imitationslernens hat sehr konkrete Bedeutung für die Erziehung.

Zum einen wird deutlich, wie wichtig es für Kinder ist, ein gutes Selbstwertgefühl zu haben, weil davon die Auswahl ihrer Modelle abhängt. Kinder, die ein gutes Selbstwertgefühl haben, lernen von reiferen, kompetenteren Modellen als Kinder, die sich minderwertig fühlen. Die Entwicklung des Selbstwertgefühls hängt davon ab, ob das Kind sich im Elternhaus verstanden und geliebt fühlt, und sehr stark davon, ob die Eltern gegenüber den Kindern echt sind. (Eine Diskussion dieser Aspekte findet sich unter der Überschrift »Miteinander reden«, S. 95)

Vorbild im Umgang mit Fehlern – nicht im Vertuschen

Zum anderen sollten sich Eltern dessen bewußt werden, daß das, was sie tun, wirklich lauter spricht als das, was sie sagen. Diese Erkenntnis kann starken seelischen Druck verursachen, wenn sie dahingehend mißverstanden wird, daß Eltern in allen Dingen perfekt sein sollten. Im Gegenteil: Wichtiger als »alles richtig zu machen« ist, daß Kinder lernen, wie sie mit ihren Fehlern umgehen, daß sie »Ja« sagen zu ihren Grenzen. Auch das können sie nur von ihren Eltern lernen, wenn diese sich erlauben, Fehler zu machen.

Wenn man aber einmal voraussetzt, daß Kinder davon profitieren, wenn sie sich von den Eltern etwas abgucken (und das ist in aller Regel der Fall), muß man den Schluß ziehen, daß ein Statusunterschied zwischen Eltern und Kindern zumindest in bezug auf das Modellernen förderlich ist. In der Tat zeigt sich, daß Eltern, die ein starkes Bedürfnis haben, die »Kumpel« ihrer Kinder zu sein, oft weniger Einfluß auf die Kinder haben als »Außenstehende«. Sie überlassen somit anderen Personen einen großen Teil der Modellfunktion. Auch aus der Sicht des Modellernens ist es also geboten, daß Eltern sowohl Autorität als auch Gesprächspartner für ihre Kinder sind.

Das Gebot: »Ehre deinen Vater und deine Mutter, auf daß es dir wohlergehe und du lange lebest auf Erden«, zeigt, daß aus der Sicht des Wortes Gottes ein Zusammenhang zwischen Respekt für die Eltern und dem Lebenserfolg steht. Dieser Zusammenhang ist nicht nur transzendent durch das Eingreifen Gottes in seine Schöpfung zu sehen, sondern auch als natürlicher, logischer Zusammenhang. Wohlergehen steht im Zusammenhang mit seelicher Reife, und die läßt sich besser erreichen, wenn eine respektvolle Liebesbeziehung zu den Eltern besteht.

Allerdings kann dieses Gebot nicht bedeuten, daß Eltern ihren Kindern etwas Gutes tun, indem sie Respekt zu erzwingen suchen. Furcht ist nicht das gleiche wie Respekt. Eltern müssen sich also fragen: Was macht uns ehrbar? Wie verhalten wir uns, daß es unseren Kindern leichter fällt, uns zu respektieren? Die Erfüllung dieses Gebotes liegt also nicht nur an den Kindern.

3.4. Lernen durch Einsicht

Der Mensch muß viel lernen: Lesen, Schreiben, wann Napoleon gelebt hat, binomische Formeln, wie man Kaffee kocht und welche Hemden man bei 30 Grad waschen muß. »Wissen ist Macht« – und häufig ist ja Erfolg in praktischen Aufgaben ein Ergebnis des richtigen Wissens. Theorie und Praxis stehen nicht im Gegensatz zueinander – die beste Praxis ist eine gute Theorie.

Und doch ist Wissen nicht unbedingt mit Einsicht gleichzusetzen. Was ich weiß und was ich nicht weiß hat wohl etwas mit meinen Einsichten zu tun. Einsicht bedeutet aber über das Tatsachenwissen hinaus, daß Haltungen, Ansichten, Einstellungen, Wahrnehmungen mit der Realität übereinstimmen. Da sich die Realität immer aus unterschiedlichen, persönlichen Perspektiven darbietet, kann man natürlich nicht immer allgemeingültig sagen, was jetzt die richtige Wahrnehmung, Haltung oder Einstellung in bezug auf eine bestimmte Situation ist.

Aber man kann zeigen, daß es Einstellungen gibt, die Menschen in Not bringen können, oder solche, die zu Lebenserfolg führen. Man kann persönliche Einstellungen mit Aussagen und Erfahrungen anderer vergleichen und zu einer Änderung kommen. Schließlich kann man persönliche Einstellungen mit denen der Bibel vergleichen und sehen, wo sich Widersprüche ergeben. Manche »fromme« Einstellung zeigt sich bei genauerem Hinsehen vielleicht als Scheinwahrheit oder Verzerrung biblischer Aussagen.

Dabei sind Einsichten durchaus nicht nur Überzeugungen, die man »im Kopf« hat. Im Gegenteil, wie wir denken hat sehr viel zu tun mit der Art, in der wir leben.

Es kommt auf die Einstellung der Eltern an

Bei dem Lernen durch Einsicht geht es also nicht um ein Mehr oder Weniger an gespeicherten Fakten, sondern um die Lebensfähigkeit. Da Einstellungen und Haltungen der Eltern zum größten Teil von den Kindern übernommen werden, ist für die Erziehung bedeutsam, welche Einstellungen die Eltern vertreten.

Was wir erleben, wie wir fühlen, worunter wir leiden und woran wir uns freuen scheint auf den ersten Blick in direktem Zusammenhang mit äußeren Ereignissen zu stehen. Geschieht etwas Schönes, freuen wir uns – »Das schöne Wetter macht mich glücklich«, oder »die Mathematikklausur macht mir angst«.

Bei genauerem Hinsehen zeigt sich, daß die Sache so einfach nicht ist. Die gleiche äußere Begebenheit hat durchaus nicht auf alle Menschen den gleichen Effekt.

Man vergleiche einmal die Reaktionen verschiedener Personen auf einen kleineren Verkehrsunfall. Der stolze Autobesitzer mit Beule im Kotflügel wird vielleicht zornig, macht Vorwürfe und ist dem Schuldigen gegenüber ungehalten. Ein anderer mag ganz anders reagieren und den Verursacher sogar trösten: »Ach, jetzt machen Sie sich mal nichts daraus, es kann ja jedem mal passieren, und dafür gibt's schließlich Versicherungen . . .«

Bei gleichem Schaden ergeben sich völlig unterschiedliche emotionale Reaktionen. Es zeigt sich, daß also zwischen »äußerem Ereignis« und »persönlichem Erlebnis« ein Prozeß zwischengeschaltet wird: Die persönliche Wahrnehmung und damit die Bedeutung, die ein Ereignis für die Person hat.

Diesen Prozeß der Bedeutungsgebung nennt die Psychologie »Attribution«. Von einer angemessenen Attribution hängt ab, wie stressig eine Situation ist, wie man mit anderen Menschen zurechtkommt, wie effektiv man Aufgaben bewältigt, – wesentliche Aspekte der seelischen Gesundheit. Der Attributionsprozeß ist weitgehend abhängig von Überzeugungen, Haltungen, Einstellungen, also von der Einsicht. Natürlich spielt auch die momentane Stimmung eine Rolle. Manchmal ist ein Ereignis der Funke, der das Pulverfaß zur Explosion bringt. Aber diese momentane Stimmung ist ja ebenso Ergebnis vorheriger Attributionen. Zudem ist die Art, wie eine momentane Stimmung die Gefühle einer Person beeinflußt, wiederum von Attributionen abhängig. Ob jemand zu sich sagt: »Ich mache halt immer alles falsch ...«, oder: »Heute ist wohl kein sehr guter Tag für mich ...«, ist ein wesentlicher Unterschied.

Nicht das Ereignis selbst, sondern die Bedeutung, die ich einem Ereignis gebe, beeinflußt mein Fühlen und Handeln

Ereignis:	*Bedeutungsgebung* (Attribution)	*Reaktion*
Chef grüßt nicht	»Er hat was gegen mich«	Angst
Chef grüßt nicht	»Ihm geht es nicht gut – er hat Sorgen«	Hilfsangebot überlegen
Chef grüßt nicht	»Er grüßt nie Untergebene«	Ärger
Chef grüßt freundlich	»Er will was von mir«	Spannung
Chef grüßt freundlich	»Er mag meine Projektbeschreibung«	Freude
Chef grüßt freundlich	»Er ist heute gut gelaunt«	Bitte um Gehaltserhöhung

Insgesamt läßt sich der Attributionsstil einer Person ändern, indem die überdauernden Ansichten und Haltungen korrigiert werden, also eine bessere Einsicht erreicht wird.

Beim Lernen durch Einsicht geht es somit um einen Bereich der Erziehung, der unmittelbar die psychischen und sozialen Fähigkeiten der Person betrifft. Auch Glaubenshaltungen und Gottesbild sind von Attributionen abhängig.

3.4.1 Kontrollüberzeugung

Ein besonders wichtiger Aspekt der Attribution ist die Frage: Wen oder was mache ich für Ereignisse in meinem Leben verantwortlich? Dabei gibt es zwei Extreme: »Ich bin selber für alles verantwortlich« (interne Kontrollüberzeugung) oder: »Äußere Umstände bestimmen meinen Lebensstil« (externe Kontrollüberzeugung). Die meisten Menschen tendieren zur Mitte zwischen den beiden Extremen, und das ist wohl auch die gesündeste Position.

Führung und Eigeninitiative – Beides ist nötig

Die Kontrollüberzeugung hat einen starken Zusammenhang mit der Glaubensüberzeugung eines Menschen, insbesondere in bezug auf die Bedeutung von Gottes Handeln gegenüber menschlichem Handeln und die Erwartungen, die der Glaubende an Gott stellt. Mancher Christ ist glaubensmüde, weil Erwartungen, die er an Gott stellte, nicht erfüllt wurden; anderen fehlen die Erfahrungen, weil sie von vornherein gar keine Erwartungen hatten. Ein Gottesbild, das einem der beiden Extreme nahekommt, entspricht aber nicht der Realität. Weder ist Gott ein Vater, der seinen Kindern alle Wünsche erfüllt, noch läßt er sie bei ihren Aufgaben allein. Er »legt uns eine Last auf, aber hilft uns auch« (Psalm 68, 20). Also ist sowohl das handelnde Engagement des Christen gefragt als auch das Vertrauen in Gottes Führung. Diese beiden Bereiche stehen nicht mehr in Konkurrenz zueinander, sondern wo eine Liebesbeziehung zwischen dem Gotteskind und dem Vater besteht, muß kein Widerspruch zwischen menschlichem und göttlichem Handeln mehr sein. »Die guten Werke, die ihr tut, hat Gott zuvor in euch bereitet« (Epheser 2, 28).

Eine sehr einseitige Kontrollüberzeugung führt dagegen oft zu einer sehr einseitigen Wahrnehmung biblischer Aussagen und damit zu einer Verzerrung im Glaubensverständnis.

Eine stark interne Kontrollüberzeugung bedeutet, daß Menschen sich und andere verantwortlich machen: »Jeder ist seines eigenen Glückes Schmied«. Im zwischenmenschlichen Bereich kommen Schwierigkeiten, weil diese Menschen sich selbst und andere zu sehr zur Rechenschaft ziehen und es ihnen schwerfällt, sich anderen anzuvertrauen. Sie erscheinen als »Macher«. In ihrer Beziehung zu Gott müssen sie sich immer wieder deutlich machen, daß er die Fäden letztlich in der Hand hält.

Wenn ein Elternteil diese Grundeinstellung an sich bemerkt, sollte er oder sie besonders darauf achten, bei den Kindern Verständnis für unvorhersehbare, äußere Einflüsse zu haben. Man kann z.B. anerkennen, daß die Mathematikarbeit vielleicht besser ausgefallen wäre, wenn der Lehrer etwas fairere Fragen gestellt hätte.

Eine stark externe Kontrollüberzeugung hingegen bedeutet, daß Menschen die Ursachen für Erfolg und Mißerfolg zu sehr außerhalb ihres eigenen Handlungsradius sehen. Diese Haltung führt jedoch schnell zu einer erlebten Hilflosigkeit: »Ich kann ja doch nichts machen ...« Der amerikanische Psychologe Seligmann hat eindrücklich gezeigt, daß eine solche einseitige Haltung oft als Hintergrund depressiver Störungen zu sehen ist.

Leider treten Depressionen, die diesen Hintergrund haben, bei Christen häufig auf. Es ist aber nicht der Glaube an Jesus Christus oder die Gemeinschaft mit anderen Christen, die solche Störungen fördert, sondern ein spezifischer Frömmigkeitsstil, der oft durch einseitige Verkündigung entsteht. Gottvertrauen bedeutet dort, daß »man nichts aus sich selbst heraus tut«. Dagegen stehen viele Aussagen in der Bibel, daß gelebtes Gottvertrauen auch bedeutet, aus ganzem Herzen (also aus sich selbst heraus) Gottes Willen zu tun.

Eltern, die solch eine Grundhaltung haben, sollten darauf achten, die Eigenverantwortlichkeit ihrer Kinder nicht zu unterschätzen. Das biblische Prinzip: »Was der Mensch sät, das wird er ernten« (Galater 6, 7), trifft in vieler Hinsicht zu.

Torsten hat mit einem Schulkameraden Streit gehabt. Zu Hause erzählt er, wie es dazu kam. Der andere hatte ihm seinen Turnbeutel weggenommen und ihn dann nicht in Ruhe gelassen, usw. ... Schließlich kam es zur Schlägerei.

Es ist sicherlich richtig, wenn Eltern anerkennen, wie schwierig eine solche Situation für ein Kind ist. Jede Klasse hat aggressive Kinder, die provozieren und dabei eventuell Erfolg haben. Man sollte also einem Kind keine Vorwürfe wegen einer gelegentlichen Schlägerei machen. Trotzdem ist wichtig, daß das Kind lernt: »Es liegt an mir, Schlägereien zu vermeiden, auch wenn ich provoziert werde.« Diese Einsicht entwickelt das Kind, wenn die Eltern in Ruhe mit ihm diskutieren, was es hätte anders machen können. Außerdem sollten Kinder im zumutbaren Rahmen für die Konsequenzen ihrer Handlung verantwortlich bleiben. »Den Anorak muß ich jetzt für dich nähen; dafür mußt du mir eine andere Arbeit abnehmen, die ich in der Zeit sonst machen könnte ... Wie wäre es, wenn du die Blätter im Garten zusammenfegst?« Noch einmal: Hier geht es nicht darum, Vorwürfe zu machen und Strafen zu verteilen, sondern darum, dem Kind zu vermitteln, Verantwortung für die Ereignisse des Lebens zu übernehmen.

Um einen richtigen Mittelbereich zwischen externer und interner Kontrollüberzeugung zu erreichen, braucht man oft das Gespräch mit dem Partner und auch mit anderen. Es wäre wichtig, daß Eltern in Gesprächs- und Hauskreisen auch solche Fragen anhand konkreter Situationen offen und persönlich besprechen können. Vielleicht ist dafür mancher Hauskreis nicht geeignet, und Eltern hätten das Gefühl, sich eine Blöße zu geben, wenn sie um Rückmeldungen anderer bitten: »Wie würdet Ihr das machen?«

Hier ergibt sich jedoch eine gute Gelegenheit, eine ausgewogene Kontrollüberzeugung zu üben. »Ja, unser Hauskreis ist es nicht gewohnt, persönliche Fragen zu besprechen, und es wird nicht ganz leicht sein (externe Kontrollüberzeugung); aber es liegt an uns, das nach Möglichkeit zu ändern (interne Kontrollüberzeugung).«

3.4.2 Irrige Annahmen

Neben einer einseitigen Kontrollüberzeugung gibt es eine Vielzahl von möglichen Überzeugungen, die zu unrealistischen Attributionen führen. Dieterich (1989, S. 260) führt einige Beispiele verirrten Denkens an, die häufig auch in der Gemeinde Christi zu finden sind:

1. Jedermann sollte mich mögen, bejahen, lieben – besonders diejenigen, die mir viel bedeuten.
2. Ich sollte fähig sein, alles gut und richtig zu machen – wenn nicht, ist es besser, nichts zu tun oder zu warten, bis ich es gut machen kann.
3. Bevor ich (und andere) mich wertschätzen, muß ich alles können und erfolgreich sein.
4. Ich kann mein Leben nicht beeinflussen; andere Menschen und Umstände kontrollieren es.
5. Erfahrungen der Vergangenheit können nicht verändert werden.
6. Es gibt nur eine wahre Lösung für ein Problem; wenn ich sie nicht finde, bin ich verloren.
7. Ich sollte fähig sein, jeden um mich herum glücklich zu machen. Wenn nicht, dann stimmt mit mir etwas nicht.
8. Ich bin verantwortlich dafür, alle Irrtümer dieser Welt zu berichtigen, alle Probleme zu lösen . . .

Eltern sollten sich fragen, wo ihre eigenen Überzeugungen korrekturbedürftig sind:

- Wie geht es mir, wenn ich jemandem unsympathisch bin? (Nur Menschen ohne Profil haben keine Reibungsflächen).
- Kann ich es mir leisten, eine Aufgabe zu übernehmen, die andere besser könnten als ich? (Wenn ich erst Klavier spielen darf, wenn ich wie Rubinstein spielen kann, werde ich es nie lernen).

- Weiß ich, daß andere an mir schätzen, daß auch ich Fehler habe?
- Ist mir bewußt, daß, zumindest auf lange Sicht, mein Lebenserfolg von meinen Handlungen abhängig ist?
- Kann ich es mir erlauben, eine neue Sicht von Ereignissen der Vergangenheit zu bekommen, mich nicht festzulegen: »So bin ich nun mal . . .«?
- Kann ich mich für eine Sache entscheiden, auch wenn ich mir nicht sicher sein kann, daß es die beste Entscheidung ist?
- Kann ich zulassen, daß es anderen einmal nicht gut geht, ohne selbst ein schlechtes Gewissen zu haben?
- Gelingt es mir, andere Menschen, besonders die in meiner Familie, einen Fehler machen zu lassen, ohne sie korrigieren zu müssen?

In der Bibel werden richtige Lebenshaltungen bzw. schöpfungsgemäße Überzeugungen »Weisheit« genannt. Weisheit hat man nicht, man erwirbt sie. Vielleicht ist das wichtigste, was Eltern im Zusammenhang mit dem »Lernen durch Einsicht« ihren Kindern vermitteln können, daß dieser Prozeß nie aufhören soll.

3.5 Müssen Eltern »Profis« sein?

Die Regeln der verschiedenen Lernprozesse sind Schöpfungsgesetze. Sie gelten, ob man sie kennt oder nicht – und Eltern müssen sie beachten. Man muß sie dazu nicht im Detail kennen. Ein Dachdecker muß ja nicht Physik studieren, um die Gesetze der Schwerkraft genau zu formulieren. Aber auch er fällt herunter, wenn er sich nicht festhält.

Das Wissen um eine Sache ist auch kein Ersatz für Erfahrung. Manchmal scheint sogar das Gegenteil zuzutreffen, wenn nämlich Ideologien im Gewand des »Wissens« auftreten und dann das eigentliche Sammeln von Erfahrungen eher verhindern.

Aber es gibt Situationen, in denen persönliche, subjektive Erfahrung besonders von der wissenschaftlichen, weniger subjektiven Erfahrung profitiert: Immer dann, wenn man persönlich betroffen ist. Da Eltern im allgemeinen von ihren Kindern persönlich betroffen sind, ist es sicherlich eine Hilfe, aus den Lerngesetzen der Psychologie einige Schlüsse für die Praxis zu ziehen:

1. Sehr viele wichtige Lernerfahrungen geschehen »automatisch«, d.h., ohne daß sich der Lernende bewußt wird oder steuert, was er oder sie lernen möchte. Dabei gelten die Gesetze des klassischen und operanten Konditionierens sowie die des Lernens am Modell.

2. Auch Reaktionen, die nicht unter freiwilliger Kontrolle stehen, wie z.B. Gefühle oder Krankheitssymptome, können erlernt werden.

3. Das häufige gemeinsame Auftreten von Ereignissen, Situationen, Personen führt dazu, daß Reaktionen, die zuerst nur von einer bestimmten Situation ausgelöst werden, auch von den anderen ausgelöst werden (klassisches Konditionieren).

4. Was unmittelbar im Anschluß an eine Handlung passiert, hat oft größeren Erfolg auf das Erlernen oder Verlernen dieser Handlung als eventuell später eintretende Konsequenzen (operantes Konditionieren).

5. Was Kinder bei ihren Eltern oder Erziehern sehen, hat oft größeren Einfluß auf sie als das, was sie von ihnen hören (Lernen am Modell).

6. Überzeugungen, Ansichten, Haltungen sind nicht nur »im Kopf«, sondern haben einen großen Einfluß auf die gesamte Wahrnehmung, Gefühle, zwischenmenschliche Beziehungen und andere Verhaltensweisen.

4. Entwicklung des Kindes

Warum sollen Eltern wissen, was sie in etwa erwartet? Geschieht nicht das, was in der Entwicklung geschieht, natürlicherweise, ob man will oder nicht?

In der Tat werden durch entwicklungspsychologische Modelle manchmal Erwartungen geweckt, die unrealistisch sind. So mag zum Beispiel der Eindruck entstehen, man könne ein Kind fördern, indem man es antreibt, schneller durch ein bestimmtes Entwicklungsstadium zu gehen. Problematisch ist auch, wenn Eltern ihre Kinder ständig unter die Lupe nehmen, um sicherzugehen, daß auch ja nichts fehlt. So erging es jenen besorgten Eltern eines Dreijährigen, die zur Erziehungsberatung kamen, weil der Bub »noch überhaupt keine Anzeichen machte, in die Trotzphase zu kommen«. Gott macht nur Originale, und das gilt eben auch für die Entwicklung jedes einzelnen Kindes, und kein Kind entwickelt sich genau so wie irgendein anderes.

Wachstum braucht Nährboden

Trotzdem ist es sinnvoll, wenn Eltern ein Modell der kindlichen Entwicklung haben. Ihre Aufgabe ist zwar nicht, diese Entwicklung zu beschleunigen, oder besorgt zu sein, wenn ein Element weniger stark ausgeprägt ist, als das normalerweise der Fall ist. Es ist heute eindeutig erwiesen, daß eine altersgemäße Behandlung des Kindes für seine Reifung wichtig ist. Ohne alle psychischen Schwierigkeiten, die eine Person im Laufe des Lebens erleben kann, auf die frühe Kindheit abzuwälzen, zeigt sich, daß das Verhalten der Eltern in dieser Zeit sehr prägend für die ganze Persönlichkeit bis hinein ins Erwachsenenalter ist. Seelische Entwicklung ist nicht etwas, an dem die Eltern nur passiv beteiligt sind, sondern sie schaffen eine Atmosphäre, in der das Kind die Aufgaben der verschiedenen Reifungsstufen mehr oder weniger optimal erreichen kann. Hier ist der Vergleich mit einer Pflanze angebracht: Niemand kann machen, daß eine Rose wächst. Dadurch, daß man an ihr zieht, wächst sie nicht schneller und wird auch nicht farbiger oder besser duftend. Aber man kann Bedingungen schaffen, in denen eine Rose gute Voraussetzungen hat, das zu werden, was sie bestenfalls sein kann.

4.1 Seelische und körperliche Entwicklungen: gleichzeitig, aber nicht immer parallel

Die seelische Entwicklung des Kindes wurde lange Zeit so gesehen, als ob sich ein Kind im Normalfall »von alleine«, so wie eine Blume oder ein Schmetterling, entwickelt und dabei zwangsläufig bestimmte Phasen durchläuft, bei denen die verschiedenen Aspekte der Psyche – wie Denken und Emotionen – mit der körperlichen Entwicklung gleichzeitig und parallel verlaufen. Diese Sicht kam nicht zuletzt daher, daß die frühe Entwicklungspsychologie eine eher biologische Sicht des Menschen hatte. In der Tat lassen sich in einzelnen Bereichen bestimmte Gesetzmäßigkeiten beobachten, die den Vergleich mit den verschiedenen Entwicklungsstufen eines Schmetterlings nahelegen. Nur führt eine einschienige Sicht zu manchen Fehleinschätzungen.

»Reifung« ist nicht einheitlich: Verschiedene Aspekte entwickeln sich nebeneinander

Wenn man zum Beispiel annimmt, daß die körperliche und geistige Entwicklung des Kindes parallel verlaufen müssen, dann könnte man ja theoretisch die seelische Reife eines Kindes an körperlichen Merkmalen messen. Ein etwa sechsjähriges Kind erreicht normalerweise solche körperlichen Proportionen, daß es sich mit der Hand über den Kopf an das gegenüberliegende Ohrläppchen greifen kann. Ebenso ist ein sechsjähriges Kind meistens schulreif. Es erschien also schlüssig, die Schulreife eines Kindes daran zu messen, ob es in der Lage ist, sich an das Ohrläppchen zu greifen ... In der Tat sagt dieser Test aber gar nichts über die Schulreife eines Kindes, sondern eben lediglich etwas über seine körperlichen Proportionen aus.

Es ist also viel sinnvoller, verschiedene seelische Entwicklungen des Menschen von der körperlichen Entwicklung getrennt zu sehen und davon auszugehen, daß einzelne Bereiche weiter als andere entwickelt sein können, auch wenn ein gewisser Zusammenhang bestehen mag. Ein Beispiel für einen solchen Zusammenhang ist die Beobachtung, daß die körperliche Fähigkeit, das Laufen zu erlernen, oft mit deutlichen Veränderungen im seelisch-geistigen Bereich einhergeht. Der Grund dafür liegt wohl darin, daß das Kind sich jetzt plötzlich in der Lage sieht, von sich aus die direkte Anwesenheit der Mutter zu verlassen, und diese neue Möglichkeit, die Welt zu erforschen, sowohl die Neugierde des Kindes reizt als auch angst macht. Aber eine ähnliche psychische Entwicklung setzt, vielleicht verspätet, auch dann ein, wenn ein Kind aus gesundheitlichen Gründen nicht laufen kann.

4.2 Die psychosoziale Reifung

Wenn von der Entwicklung des Kindes die Rede ist, denken viele Menschen heute an die Phasen, die Sigmund Freud beobachtet hat. Hobby-Psychologen sind gerne bereit, jedem Zigarettenraucher schnell zu bescheinigen, daß er oral fixiert (also in der oralen Entwicklungsphase steckengeblieben) sei. Manche stören sich zu recht an dem populär»wissenschaftlichen« Nonsense, der auf der Basis der Freudschen Ideen heute manchmal vertreten wird. Es gibt aber auch ernstzunehmende Kritik an dem, was Freud und seine Nachfolger tatsächlich vertreten, z.B. an Freuds Modell der Entwicklung. Diese Kritik kommt nicht nur von seiten der Christenheit, sondern auch von der modernen Psychologie.

Freud hat seine Beobachtungen an einer relativ kleinen Zahl von erwachsenen Patienten bzw. Patientinnen gemacht, aus deren Analyse er allgemeingültige Rückschlüsse über die normale Entwicklung des Kindes zog. Seiner Theorie liegen also, wissenschaftlich gesehen, sehr vage Beobachtungen zugrunde. Zudem sind seine Beobachtungen kulturspezifisch, d.h. sie beziehen sich auf die Gesellschaft in Wien kurz nach der Jahrhundertwende.

So gesehen ist es eigentlich verwunderlich, daß wesentliche Aspekte der Freudschen Theorie heute überhaupt noch ernsthaft diskutiert werden. Tatsächlich aber hat sich vieles von dem, was Freud beobachtet hat, in späteren wissenschaftlichen Untersuchungen bestätigt. Im folgenden wird ein kurzer Ausflug in die Anfänge der Entwicklungspsychologie geboten.

Freud: Ein Ausflug in die Anfänge der Entwicklungspsychologie

Freud hatte schon als junger Mann eine besondere Vorliebe für die Biologie, insbesondere die Zoologie. Seine erste wissenschaftliche Arbeit beschäftigte sich mit der Ausgestaltung der Lappenorgane des Aales. Dieses biologische Weltbild des Naturforschers ist natürlich in die Theorie zur menschlichen Entwicklung eingeflossen.

Freud stellte sich die Entwicklung als einen automatischen Prozeß mit verschiedenen Phasen vor. Jede Phase hat spezifische innere Konflikte, die bewältigt werden müssen, und Störungen in einer Phase führen zu einer unvollständigen Bearbeitung dieser Konflikte. Diese Reifungsdefizite treten dann beim Erwachsenen als »Fixierungen« wieder auf. Während bei der gesunden erwachsenen Persönlichkeit Elemente aus allen Phasen eine Rolle spielen, treten bei der gestörten Person verstärkt die Strukturen einer bestimmten Phase in den Vordergrund.

In jeder Phase geht es darum, zu lernen, Wünsche und Erwartungen der Realität anzupassen. Das heißt: Triebe dürfen nicht beliebig ausgelebt oder unterdrückt werden. Freud nannte zwei Triebe: Die Sexualität und die Aggression. Dabei muß man den Begriff »Sexualität« allerdings sehr weit verstehen, nicht nur im Sinne einer Geschlechtlichkeit, sondern auf alles bezogen, was lebensbejahend, kreativ und dabei erfreulich ist.

Entwicklungsphasen nach Freud:

Freud glaubte, während jeder Phase gäbe es unterschiedliche Hautregionen, die in erster Linie mit Befriedigung verbunden sind. Nach diesen Regionen leiten sich die Namen der Phasen ab.

Die Orale Phase
Im ersten Lebensjahr ist der Mund des Säuglings in erster Linie Ort erotischer und sexueller Freude. Der Modus sexueller Betätigung ist dabei das Saugen, Schlucken, insgesamt das »Einnehmen« des geliebten Objekts, insbesondere der Mutterbrust. Diese rundherum

angenehme Periode wird durch das Entwöhnen beendet, aber nicht, ohne daß die Basis für wesentliche Charakterzüge gelegt worden wäre. Erfolgreicher Abschluß der oralen Phase resultiert beim Erwachsenen in fortgesetzter Freude an Aktivitäten wie Essen, Küssen, Reden. Fixierungen in der oralen Phase führen dagegen zu starken Abhängigkeiten von anderen Personen, überstarken Versorgungswünschen, zu Geiz, krankhaftem Eßverhalten usw.

Die Anale Phase
Während des zweiten und dritten Lebensjahres gewinnt das Kind die Muskelkontrolle, die nötig ist, um durch das Festhalten und Loslassen von Exkrementen einen Lustgewinn zu erleben. Das Kind muß lernen, sich den Erfordernissen der Eltern anzupassen, die ja nicht selten ihrerseits erhebliche Anstrengungen machen, daß das Kind »sauber« wird. Abgeben und Behalten werden also zum zentralen Thema der Beziehung zwischen Kind und Eltern. Erfolgreiche Bewältigung führt zu einer ausgewogenen Einstellung in Sachen Ordnung, Sauberkeit und der Fähigkeit, beim Umgang mit »unsauberen« Dingen Freude zu empfinden (z.B. Spielen im Matsch, Fingerfarben, usw.). Wer dagegen in der analen Phase fixiert ist, wird übermäßig genau, penibel, sparsam und möglicherweise stur.

Die Phallische Phase
Ungefähr im vierten Lebensjahr entdeckt das Kind, daß das Spielen mit den Geschlechtsteilen zu einem Lustgewinn führt. Ohne dabei erwachsene sexuelle Wünsche zu haben, richtet das Kind seine sexuellen Wünsche an den gegengeschlechtlichen Elternteil.

Dabei erlebt der Junge seinen Vater als Rivalen für die Liebe der Mutter. Diese Situation nannte Freud den »Ödipus-Komplex«. Da der Junge bei Mädchen gesehen hat, daß sie keinen Penis besitzen, befürchtet er, daß der Vater ihm seinen wegnehmen könnte – er entwickelt »Kastrationsangst«. Um mit dieser Angst umgehen zu können, beginnt der Junge, seine Wünsche an die Mutter zu unterdrükken, um sich mit dem Vater zu identifizieren. Er entwickelt eine männliche Identität.

Etwas anders sieht es beim Mädchen aus. Obwohl es zuerst sehr eng mit der Mutter verbunden ist, erlebt es das Fehlen eines Penis als einen Mangel, für den die Mutter verantwortlich ist. Seine Aufmerksamkeit gilt nun dem Vater, und es erlebt die Mutter als Rivalin (»Elektra-Komplex«). Im weiteren Reifungsprozeß beginnt es aber, sich damit abzufinden, ein Mädchen zu sein; es identifiziert sich mit der Mutter und löst sich etwas von seinem Vater.

Die erfolgreiche Bewältigung der phallischen Phase führt also für Jungen wie Mädchen zu einer stabilen geschlechtlichen Identität. Ohne eine solche Identität sind für den Erwachsenen reife, zwischenmenschliche Beziehungen nicht möglich.

Latenzphase

Ab dem fünften bis etwa zwölften Lebensjahr, d.h. nach Abschluß der phallischen Phase bis zur Pubertät, befindet sich eine Phase, in der sexuelle Bedürfnisse »auf Eis liegen«. In dieser Zeit sind Kinder, die die vorherigen Phasen erfolgreich absolviert haben, weniger aggressiv und sexuell. Sie spielen gerne mit gleichgeschlechtlichen Spielkameraden (Jungschar, Pfadfinder).

Pubertät

Unter dem Einfluß der rapiden körperlichen und hormonellen Veränderungen des Körpers entsteht wieder eine erhöhte sexuelle Spannung. Doch gilt das sexuelle Interesse jetzt anderen Menschen außerhalb der Familie. Der Jugendliche muß lernen, seine Sexualität nicht mehr nur zur Befriedigung der eigenen Wünsche zu sehen, sondern ein wesentlicher Anteil der sexuellen Kraft richtet sich auf die Befriedigung der Bedürfnisse des geliebten Anderen. Nach erfolgreichem Abschluß der Pubertät können Jugendliche sich gegengeschlechtlichen Anderen zuwenden und ein Maß an zwischenmenschlicher Frustration aushalten.

Genitale Phase

In dieser letzten Phase richtet sich sexuelles Interesse nicht mehr auf das Abreagieren sexueller Erregung, sondern wird eingebunden in überdauernde und gegenseitige Beziehungen. Der Aufbau einer Familie zusammen mit dem geliebten Partner wird zum wichtigen Ziel einer Beziehung. Sexuelle Frustration kann ausgehalten werden, sexuelle Bedürfnisse werden in erster Linie durch Geschlechtsverkehr befriedigt. Dabei werden die prägenitalen Triebe allerdings in einer sozial akzeptablen Form mit integriert, z.B. durch Nähe, Streicheln oder Küssen.

Daß die Sexualität bei Freud sehr zentral im Mittelpunkt der kindlichen Entwicklung steht, liegt vielleicht teilweise daran, daß eben dieses Thema in seiner Gesellschaft in viel stärkerem Maße tabu war als heute. Sicherlich waren viele Menschen, auch die Patienten Freuds, in ihrem täglichen Leben gestört, weil sie übermäßig verklemmt waren. Sexuelle Triebe standen somit wohl stärker im Vordergrund aller seelischen Prozesse, also auch der Entwicklung, als das vielleicht heute der Fall sein muß. Die heutige Sicht der Entwicklung ist umfassender und beinhaltet neben dem Sexualtrieb andere wesentliche Elemente. Was Freud beschrieben hat, ist nicht das einzige und bestimmende Element der kindlichen Entwicklung, aber trotzdem laufen die meisten der Prozesse, die er beschrieben hat, sicherlich unter anderen ab. Das heißt zum Beispiel, daß Freud recht hat in seiner Beobachtung, Kinder seien keine asexuellen Wesen. Nur ist ihre Sexualität eben nicht erwachsen.

Probleme gibt es in der Erziehung, wenn Eltern ihre Kinder so behandeln, als ob sie entweder gar keine Sexualität hätten, oder als ob ihre Sexualität schon die der Erwachsenen sein sollte. Das führt dann z.B. dazu, daß Eltern ein Kleinkind dafür strafen, daß es mit den Geschlechtsteilen spielt. Dabei hat dieses Spielen weder krankhafte Hintergründe noch ist es »unzüchtig« (erwachsene Sexualität!). Im Gegenteil, das Kennenlernen des eigenen Körpers ist auch für die seelische Entwicklung des Kindes wichtig.

Ein anderer Aspekt ist der, daß ein Kleinkind durchaus lernen kann, daß es für jeden Menschen einen Intimbereich gibt, zu dem auch die Genitalien gehören. Das Kind sollte also nicht lernen, daß es verboten ist, sich anzufassen, sondern daß dieses nicht in der Öffentlichkeit geschieht. Eltern sollten auch mit kleineren Kindern ab etwa drei Jahren klar, eindeutig und entspannt besprechen, wer was wann und wo anfassen darf. Wenn Kinder Angst bekommen, über diesen Bereich mit ihren Eltern zu reden, sind sie unter anderem erheblich stärker für sexuellen Mißbrauch durch Dritte gefährdet.

4.2.1 Altersgemäße Sexualität

Ähnliches gilt für andere Altersstufen. Es gibt für jede Altersstufe eine altersgemäße Form der Sexualität. Dabei gilt es, die Fähigkeit zu Lust und Verzicht zu lernen. Eines ist auf Dauer nicht ohne das andere zu haben. Eltern, die sich immer schuldig fühlen, wenn sie ihren Sprößlingen etwas versagen bzw. Grenzen setzen, werden ihr Kind verwöhnen. Eltern, die ihre Aufgabe dagegen hauptsächlich darin sehen, das Kind mit den Härten des Lebens zu konfrontieren, machen ihre Kinder dadurch gehemmt und überängstlich. Dazwischen gibt es ein breites Band angemessener Haltungen und Vorgehensweisen. Somit gibt es auch eine Bandbreite möglicher Antworten auf die Frage, was für den pubertierenden Jugendlichen angemessene Sexualität ist.

Einerseits müssen bzw. dürfen Teenager wesentliche Dinge lernen: Daß Sexualität nicht dazu da ist, um nur die eigenen Triebe zu befriedigen; daß man Frustration in einer Beziehung aushalten muß, also miteinander reden muß; daß Konflikte nicht unter den Teppich gekehrt werden, aber auch nicht zum Ende der Beziehung führen müssen. Dazu müssen Teenager die Möglichkeit haben, gegengeschlechtliche Freundschaften zu entwickeln, auch alleine zu sein, zu schmusen usw. Andererseits darf man von Vierzehnjährigen nicht verlangen, daß sie ihre Sexualität ganz ohne vorgegebene Grenzen im Griff haben, denn das müssen sie ja gerade lernen. Die beste Vorbereitung für diese schwierige Aufgabe ist dann gegeben, wenn Teenager offen über sich reden können und wenn sie gelernt haben, anderen zuzuhören. In der Tat zeigt sich, daß Jugendliche, die miteinander reden können, sexuell weniger aktiv sind als solche, deren Beziehung sich auf das Körperliche beschränkt. Die Fähigkeit zum Gespräch müssen Kinder also vor der Pubertät erlernen; nach der Pubertät werden zumindest ihre Eltern wenig zur Gesprächsfähigkeit beitragen können. Wenn eine offene Gesprächsatmosphäre in der Familie vorher nicht existiert hat, ist es wohl sehr schwierig, den Teenager in den sexuellen Grenzen zu halten, die altersgemäß angemessen sind. Ansonsten sollten Eltern zusammen mit ihren

Kindern klare Absprachen haben, was erlaubt ist und was nicht, ohne dabei das (hoffentlich) bei den Kindern entwickelte Bedürfnis nach Privatsphäre zu verletzen.

Zum normalen und altersgemäß angemessenen Rahmen der gegengeschlechtlichen Freundschaft gehört bei Teenagern, daß die Beziehung nicht isoliert ist, sondern viele Aktivitäten in der Gruppe stattfinden. Jugendgruppen, Wochenendfreizeiten, Fahrradtouren sind ein gutes Übungsfeld für soziale und sexuelle Verhaltensweisen.

Ebenso gehört es zur normalen und angemessenen Sexualität des Teenagers, daß starke sexuelle Spannungen abreagiert werden, durch Selbstbefriedigung oder auch durch erotische Träume. Dieterich (1982, S. 153) stellt fest, »daß Selbstbefriedigung innerhalb der Geschlechtsreife eine natürliche, fast zwangsläufige Erscheinung darstellt. Es sind demnach Hilfestellungen zu geben und nicht Anklageschriften anzuführen ... Sicher ist, daß heute, unter medizinischem Blickwinkel gesehen, Selbstbefriedigung kein Krankheitssymptom ist und auch keine biologisch-medizinischen Entwicklungsstörungen nach sich zieht.«

Da die Bibel das Thema »Selbstbefriedigung« mit keinem einzigen Wort streift, ist es sicherlich unangemessen, aus dieser psychologisch und medizinisch gesehen harmlosen Sache eine Hauptsache des Glaubens zu machen. Biblische Einstellungen zur Sexualität, Respekt vor dem Geschenk, das Gott dem Menschen damit macht, die Bereitschaft zum Verzicht, zu Diziplin und Treue werden sicherlich nicht dadurch gefördert, daß man Gesetze aufstellt, von denen in der Bibel keine Rede ist. Diese erwünschten Haltungen werden eher dann erreicht, wenn Selbstbefriedigung eine Nebensache bleiben kann.

Auch hier hilft das rechtzeitige und offene Gespräch dazu, daß keine unangemessenen Schuldgefühle aufkommen. Dies gilt besonders auch für den Umgang mit nächtlichen Samenergüssen, die bei fast jedem Jungen auftreten. Wenn Jungen sich über diesen Vorgang schämen, weil sie merken, daß man darüber nicht reden darf (weil von den Eltern nicht darüber geredet wird), erhält auch diese Sache mehr Gewicht als notwendig. Neben der

Erkenntnis, daß es auch bei Kindern und Jugendlichen eine altersgemäße Form der Sexualität gibt, deren Entwicklung für die gesunde, reife Sexualität Voraussetzung ist, ist die Entwicklungspsychologie Freuds überhaupt dafür verantwortlich, daß heute im Bewußtsein fast aller Eltern klar ist, daß die kindliche Erziehung wesentlichen Einfluß auf die Wesensart des Erwachsenen hat. Die Kehrseite der Medaille dieser Erkenntnis ist, daß nicht nur Hobby-Psychologen die Bedeutung der frühen Kindheit oft als fast alleinbestimmend angesehen haben. Dabei ist diese Eindeutigkeit sicherlich falsch. Es gibt gesunde, reife Erwachsene, die haarsträubende Kindheitsverhältnisse hatten, und andere, die große Schwierigkeiten haben, obwohl ihr Elternhaus ganz passabel war.

Die Erfahrungen aus der Psychotherapie machen deutlich, daß Eltern ihren starken prägenden Einfluß auf ihre Kinder nicht unterschätzen sollten, insbesondere die Tatsache, daß Erfahrungen in der Kindheit einen wesentlichen Grundstein für psychische Reife beim Erwachsenen legen. Auf der anderen Seite sollten sich Erwachsene nicht hinter ihren schlechten Kindheitserfahrungen verkriechen, wenn es darum geht, wesentliche Veränderungen selber durchzuführen. Kein Mensch ist nur Produkt seiner Biographie.

Obwohl die Beobachtungen Freuds also sicherlich manchen Wahrheitsgehalt haben, erscheint es heute sinnvoller, die psychische Entwicklung des Kindes differenzierter zu sehen. Eine Reduktion der menschlichen Reifung auf den Umgang mit Triebkräften wird der Vielseitigkeit der menschlichen Psyche nicht gerecht. Es gibt aber nicht ein Modell der psychosozialen Entwicklung schlechthin, welches allen Aspekten gerecht wird. Ein weiterer wichtiger Aspekt wird im folgenden behandelt.

4.2.2 Entwicklung der Identität

Die seelische Entwicklung und Reifung des Kindes findet in wesentlichen Elementen nicht innerhalb der eigenen Psyche statt, sondern als ein Reifungsprozeß der zwischenmenschlichen Beziehungen. Im Vordergrund steht dabei der Prozeß der Individuation, d.h. das altersgemäß angemessene Umgehen mit dem ständigen Konflikt zwischen Abhängigkeit und Selbständigkeit.

Natürlich fällt bei dieser Betrachtungsweise den Eltern eine sehr aktive Rolle zu, denn sie sind ja – zumindest in den ersten Lebensjahren – die primären Bezugspersonen. Streng genommen geht es also hier um die Entwicklung der Eltern-Kind-Beziehung, an deren Ende erreicht wird, daß das Kind eine eigene, reife Identität entwickelt hat.

Viele Eltern haben aber das einseitige Verständnis einer automatischen, in erster Linie intrapsychischen Entwicklung des Kindes übernommen, und die zum Teil falschen Folgerungen, die daraus resultieren, haben heute durchaus Einfluß auf die Erziehung. Diese traditionelle Freudsche Sichtweise beinhaltet z.B., daß in ganz bestimmten Phasen der Entwicklung bestimmte Bedürfnisse des Kindes im Vordergrund stehen. Eltern versuchen dann, aufgrund dieser Sichtweise, bestimmte Bedingungen so gut wie möglich – maximal – zu erfüllen, damit das Kind für seine Reifung »aus dem Vollen schöpfen kann«. In vieler Hinsicht gilt jedoch, daß die Entwicklung des Kindes als ein Prozeß zu sehen ist, der im Spannungsfeld zwischen zwei Extremen stattfindet. Das heißt, das Kind soll weder immer aus dem Vollen schöpfen, noch soll es ins Leere greifen. Eltern, die diese Sichtweise übernehmen, werden dazu tendieren, einen Mittelweg zwischen Verwöhnung und Versagung zu finden. Die Beobachtung, daß es genauso schädlich ist, wenn Eltern zu viel für ihre Kinder tun, wie wenn sie zu wenig tun, ist dabei gar nicht so modern. Rousseau sagte: »Willst du dein Kind unglücklich machen, erfülle ihm alle Wünsche.« Der dänische Theologe und Philosoph Sören Kierkegaard (1847, S. 55) beschreibt das Vorgehen der liebenden Mutter als Beispiel für ein übergreifendes Prinzip – das des Guten:

»Das Gute stillt und säugt das Kindchen, erzieht und nährt den Knaben, stärkt den Erwachsenen, behütet den Greis; das Gute lehrt den Strebenden, hilft ihm, aber doch nur wie wenn die liebreiche Mutter das Kind alleingehen lehrt: Die Mutter hält sich dem Kinde vorweg in so weitem Abstand, daß sie wirklich das Kind nicht festhalten kann, aber sie breitet ihre Arme aus, sie macht die Bewegungen des Kindes nach; wenn es auch nur schwankt, so beugt sie sich rasch nieder, als ob sie es griffe – so glaubt das Kind, es gehe nicht allein. Mehr kann auch die liebreichste Mutter nicht tun, wofern es doch wahr sein soll, daß das Kind alleingeht . . . So geht denn das Kind allein das Auge fest auf das Angesicht der Mutter gerichtet und nicht auf die Schwierigkeit des Weges, sich stützend auf die Arme, die es doch nicht festhalten, strebend nach der Zuflucht in der Umarmung der Mutter, kaum ahnend, daß es im gleichen Augenblick zeigt, es könne sie entbehren – denn jetzt geht das Kind allein.«

Kierkegaard beschreibt weiter das Gegenteil des Guten – die Furcht (S. 56):

»Auch die Furcht will dem Menschen helfen, ihn alleingehen lehren, aber nicht wie die liebreiche Mutter, denn die Furcht selber stößt das Kind ständig um. . . Sie will ihm zum Guten helfen, und doch gewinnt ein solch Lernender niemals des Guten Gunst, er wird auch nimmer des Guten Freund; denn wie die Schrift lehrt, nicht bloß Diebe und Räuber, sondern auch der Furchtsame kann nicht in das Himmelreich eingehen.«

Erziehung bedeutet: Fördern statt versorgen

Die moderne Tiefenpsychologie bestätigt die Beobachtung Kierkegaards. Sie zeigt, daß die Reifung der eigenständigen Persönlichkeit dann am besten vorgeht, wenn die Umgebung des Kindes die richtige Mitte zwischen Bevormundung und Alleinlassen findet: Geborgenheit, aber keine Einengung; wenn auch der Schmerz des Kindes sein darf, es aber der Welt nicht alleine gegenübersteht; wenn das Kind Fehler machen darf, aber auch Hilfsangebote bekommt. Winnicott (1965) fordert die »ausreichende« Mutter, im Gegensatz sowohl zur »versagenden« als auch zur »perfekten« Mutter.

Die Rolle des Elternhauses bei der notwendigen Loslösung des Kindes entspricht also einer Gratwanderung. Eltern sollten alles tun, um dem Kind den Absprung in seine eigene Welt möglich zu machen. Wie ein wirkliches Sprungbrett dürfen sie nicht hart wie

Beton sein, aber auch nicht schwammig wie Schaumgummi. Am besten kann man abspringen, wenn das Brett gut federt, also bei Druck gerade im richtigen Maß nachgeben kann. Damit der Springer nicht ausrutscht, darf das Brett aber auch nicht zu glatt sein; Eltern müssen also auch Reibungsfläche bieten, was für beide Seiten nicht immer angenehm ist.

Immer häufiger kommt es vor, daß Kinder im Kindergartenalter sich nicht oder nur unter großen Ängsten von der Mutter lösen können. Nicht selten sind diese Kinder deswegen völlig verunsichert, weil die Eltern einfach zu perfekt waren. Sie haben das Kind auf Schritt und Tritt begleitet und nach Möglichkeit immer dafür gesorgt, daß die besten Bedingungen für das Kind vorhanden waren. Gerade in dieser Verwöhnung mit einem Zuviel an Zuwendung erlebt sich das Kind aber als vollständig abhängig von den Eltern und erlebt wirkliche Todesängste, wenn die Eltern oder vertrauten Personen abwesend sind.

Der Prozeß der Loslösung von der Mutter bzw. vom Elternhaus ist also ein ganz wesentliches Element der Reifung. Er ist die Voraussetzung dafür, daß das Kind bzw. der Heranwachsende eine eigenständige Persönlichkeit wird. Dabei findet dieser Prozeß nicht einmalig – etwa in der Pubertät – statt, sondern auf verschiedenen Ebenen in jedem Lebensalter. Die Geburt selbst ist ja eine Loslösung, die nur den Anfang darstellt. Vielen Erwachsenen wird z.B. in einer Ehekrise deutlich, daß sie sich noch weiter von bestimmten Vorstellungen des Elternhauses lösen müssen.

Wenn also Loslösung ein lebenslanger Prozeß ist, gilt es, im Verlauf der Reifung unterschiedliche Anforderungen, die die zunehmende Selbständigkeit erfordert, zu meistern. Auch im Verlauf der frühen Kindheit gibt es verschiedene Phasen, in deren Verlauf das Kind unterschiedliche Aufgaben meistern muß, was es aber nur kann, wenn die Mutter ein entsprechendes »ausreichendes« Gegenüber (also weder perfekt noch versagend) darstellt. Dabei gibt es in groben Zügen folgende Stadien der Entwicklung (vgl. Mahler, 1956):

4.2.2.1 Die ersten Lebensmonate

In den ersten Monaten nach der Geburt befindet sich das Baby meistenteils im Schlaf. Es erwacht in erster Linie dann, wenn irgendwelche Bedürfnisse es veranlassen zu schreien; sobald diese Bedürfnisse befriedigt werden, sinkt es wieder in den Schlaf oder Halbschlaf zurück.

Einer der wesentlichen Punkte, in denen sich der Mensch vom Tier unterscheidet, ist, daß er lernen muß, lebensfähig zu sein. Anstelle eines Instinkts, der ihm vererbt wird, steht das Übernehmen der Erfahrungen früherer Generationen. Wenn wir nicht voraussetzen wollen, daß das Kind angeborenes Wissen mitbringt, müssen wir davon ausgehen, daß es in den ersten Wochen noch lernen muß, zwischen inneren und äußeren Ereignissen zu unterscheiden. Wahrscheinlich wird es zuerst sowohl die Bedürfnisse (z.B. Hunger) als auch deren Befriedigung (Stillen) völlig undifferenziert erleben. Es wird keinerlei Bewußtsein dafür haben, daß die Mutter »außen« ist und der Hunger »innen«. Es gibt für den Säugling noch kein »Ich«, von dem aus er mit einem »Du« kommunizieren könnte. Das Gesicht einer anderen Person mag ein Lächeln auslösen, aber hier handelt es sich mit Sicherheit nicht um Kommunikation in dem Sinne, wie ältere Kinder oder Erwachsene kommunizieren (wobei ja beide Personen sich selber als getrennte Personen sehen), sondern um einen Lächelreflex, der auch von einer Maske oder einer Zeichnung eines Kreises mit zwei Punkten ausgelöst wird. Die entzückte Reaktion: »Guck mal, wie süß sie mich schon anlachen kann«, ist sicherlich eine wohlwollende Fehlinterpretation. Es mag allerdings durchaus sein, daß eben diese entzückte Reaktion eine wesentliche Rolle für die Entwicklung einer Mutter-Kind-Beziehung spielt, und zwar sowohl in der Psyche der Mutter als auch des Kindes. Weil der Säugling in dieser Zeit also in erster Linie ganz in einer eigenen Welt lebt und seine Kommunikation zuerst wohl nur aus Reflexen besteht, beschreibt man diese erste Zeit als »normalen Autismus«.

Es gibt eine begrenzte Anzahl solch automatischer und angeborener Reflexe, die dazu dienen, daß das Kind lebenswichtige Funktionen wahrnehmen kann, also z.B. trinken und schlucken kann. Wenn die Mutter es zum Stillen anlegt, dreht es den Kopf zur Brust. Wer aber jetzt annimmt, das Kind hätte zweckvoll oder absichtlich gehandelt, interpretiert wahrscheinlich zu viel in diese Bewegung herein. Berührt man die Wange leicht, wird es den Kopf immer in die Richtung der Berührung drehen.

In den ersten Lebenswochen oder -monaten braucht das Baby nichtsdestoweniger mehr als Nahrung und Windeln. Es beginnt, seine fünf Sinne zu erkennen und einzuordnen. Es braucht Hautkontakt, Nähe und Bewegung. Es möchte gerne herumgetragen werden und erlebt bald offensichtliche Freude an Dingen, die sich bewegen.

4.2.2.2 Na so was, ich bin ja ein eigener Mensch ...

Schon nach wenigen Wochen jedoch läßt sich beobachten, daß die Reflexe langsam abnehmen, und daß das Baby sich in zunehmendem Maß mit seiner Umwelt auseinanderzusetzen beginnt. Jetzt gibt es auch kurze Wachphasen, in denen weder ein Bedürfnis noch dessen Befriedigung das Baby wachhalten, sondern es einfach seine Umwelt erlebt und beobachtet. Dabei hat es anscheinend noch kein Bewußtsein für die eigene Persönlichkeit als etwas von der Mutter Getrenntes. Wenn es von einer anderen Person als der Mutter gehalten wird, scheint es sich dort ebenso wohl zu fühlen.

In der zweiten Hälfte des ersten Jahres beginnt das Kind, sich aus der erlebten Verschmelzung mit der Mutter zu lösen. Es wird sich bewußt, daß die Mutter anwesend oder abwesend sein kann. Auch mit vollem Bauch und frischer Windel kann die Abwesenheit der Mutter große angst machen. Es lernt, zwischen verschiedenen Personen zu unterscheiden, und läßt sich nicht mehr von jedem anderen trösten. Das Kind scheint die Welt in zwei Bereiche einzuteilen: Mir Vertrautes (ich selber, Eltern) ist ganz und gar gut. Dagegen löst Unbekanntes Panik aus – ist ganz und gar böse.

Diese Aufteilung der Welt in das »nur Gute« und das »nur Böse« erlebt man beim erwachsenen Menschen bisweilen bei schweren psychischen Störungen. Für viele solcherart gestörte Personen besteht die Welt aus guten und bösen Menschen. In Beziehungen tendieren sie dazu, von einem Menschen bis ins Letzte begeistert zu sein, um dann bei einer vielleicht kleinen Enttäuschung in die gegenteilige Auffassung zu fallen. Dann ist der ehemals so gelobte Freund plötzlich ein reines Scheusal. Tiefenpsychologen glauben, daß diese immer häufiger auftretenden Störungen darauf zurückgehen können, daß die Person diese frühe Aufgabe der »Entschmelzung« nicht bewältigt hat.

Im letzten Viertel des ersten Jahres besteht also bei fast allen Kindern eine ausgeprägte Angst vor Fremden, die sich bis zu einer wütenden Panik steigern kann, zumindest in dem Moment, in dem sich die Eltern verabschieden, und kurz danach. Häufig kommt es vor, daß das Kind relativ bald die betreuende Person akzeptiert – um dann böse und enttäuscht zu reagieren, wenn die Eltern wiederkommen oder die Eltern zu dem Zeitpunkt dann »demonstrativ« zu ignorieren. Diese Reaktion auf das Verlassenwerden wird von Eltern oft so interpretiert, als wolle das Baby die Eltern strafen, und sie bekommen vielleicht sogar ein schlechtes Gewissen. Richtiger ist wahrscheinlich, daß das Baby zu diesem Zeitpunkt noch nicht die Fähigkeit hat, zwei verschiedene »gute« Beziehungen unter einen Hut zu bekommen, und Zeit braucht, um umzuschalten. Hier zeigt sich schon deutlich, daß es zwischen Überbehütung und Versagung einen »behütenden Zwischenbereich« gibt, der für das Kind die besten psychosozialen Lernmöglichkeiten bietet. Einerseits braucht das Kind stabile Beziehungen mit der Mutter bzw. den Eltern, auf die es sich verlassen kann, auch wenn es ein echtes Vertrauen in die Stabilität dieser Beziehung noch nicht haben kann. Andererseits muß das Kind jetzt schon einen Raum haben, in dem es mit der Loslösung von der Mutter und dem Erforschen der Welt spielen kann. Dazu müssen die Eltern auch erlauben, daß das Kind ein gewisses Maß an Angst erlebt, um zu lernen, daß die Mutter eben doch zurückkommen wird.

Viele Kinder helfen sich zu dieser Zeit, indem sie die Anwesenheit der Mutter durch ein ganz persönliches Objekt ersetzen – eine Windel, ein Kuscheltier oder etwas ähnlich Weiches. Dabei spielt der Geruch dieses Objektes eine wichtige Rolle. Ein frisch gewaschenes »Schnuckeltuch« mag seine tröstende Wirkung vorerst verlieren . . . Diese Übergangsobjekte sind ein erster effektiver Ansatz, die Mutter präsent zu halten, auch wenn sie abwesend ist. Später reicht es dem Kind, ein internes Bild von der Mutter zu haben. Es kann sich dann auch ohne einen Gegenstand, der an die Mutter erinnert, vergegenwärtigen, daß es die Mutter gibt. Ohne ein solches stabiles Bild bleibt das Alleinsein unerträglich.

Gegen Ende des ersten Lebensjahres beginnt für das Kleinkind eine faszinierende Zeit: Es lernt, frei zu laufen. Die Welt erschließt sich damit aus einer völlig neuen Perspektive. In dem folgenden halben Jahr – bis etwa zum 18. Monat – gehört dem Kind die Welt. Alles, was sich im Gefahrenbereich des Kindes befindet, wird eindringlich untersucht. Der Laufstall bietet momentan Schutz für die Wohnung, aber schon bald wird das Kind recht intensiv dagegen protestieren, in eine solch kleine Welt abgeschoben zu werden. (Es gibt Familien, die an dieser Stelle dazu übergehen, die schützenswerten Utensilien in den Laufstall zu tun und dem Kind freien Lauf in der Wohnung zu lassen . . .)

In dieser Zeit ist das Kind relativ unempfindlich gegenüber Frustrationen, wie Hinfallen oder von Älteren die Spielsachen aus der Hand gerissen zu bekommen. Nichts kann das Kind daran hindern, seine neuen Fähigkeiten zu entwickeln, entzückt zu sein über sich selbst und seine Welt und der Mutter vorzuführen, was es alles schon kann. Von Freunden der Familie kommen zu diesem Zeitpunkt manchmal Bemerkungen wie: »Sieh mal an, ein richtiges Persönchen . . .«, und das beschreibt ziemlich genau den Status der Loslösung. Wenn die Eltern das richtige Mittelmaß zwischen Überbehütung und Vernachlässigung gefunden haben, weiß das Kleinkind jetzt, daß es eine eigene Person ist, die sich kurzfristig von der Mutter entfernen kann und dabei keine Panik mehr erlebt. Natürlich ist diese Person noch sehr abhängig von den Eltern, aber sie handelt eindeutig aus einer separaten Identität.

Mit dieser separaten, aber nicht unabhängigen Identität entwickelt sich auch eine Integration des »nur Bösen« und »nur Guten«. Das Kind weiß jetzt, daß sowohl es selbst als auch die Außenwelt manchmal »gut« und manchmal »böse« ist. Dabei hat es natürlich noch kein erwachsenes moralisches Verständnis von »gut« und »böse«. Es kann aber sehr ärgerlich auf die Mutter werden und weiß auch, daß die Mutter manchmal sehr ärgerlich über das Kind wird. Hier ist also der Anfang eines eigenständigen Gefühlslebens zu sehen.

Nach einigen Monaten des Erforschens und Besitzergreifens hat das Kind natürlich auch die Erfahrung gemacht, daß die Welt ihm nicht tatsächlich gehört. Im Gegenteil, je mehr es seine Fähigkeiten entwickelt, desto mehr wird ihm bewußt, wie abhängig und hilflos es eigentlich ist. In der Zeit um den zweiten Geburtstag erlebt man dann oft eine starke Wiederannäherung an die Mutter, die jetzt von der Mutter oft nicht mehr so positiv erlebt wird. Im Gegensatz zu dem kleinen, hilflosen, süßen Baby steht jetzt ein quengeliges Kind, das »einem ständig am Rockzipfel hängt« und die Mutter keinen Moment in Ruhe lassen kann. Dabei gibt es Augenblicke, in denen das Kind scheinbar sehr autonom sein kann und von der Mutter wegläuft. Dieses Wechselbad von scheinbarer Autonomie und übertriebener Abhängigkeit zeigt, wie schwierig es für das Kind ist, zu verstehen, daß die Welt nicht ihm gehört. Insbesondere muß es ja lernen, daß die Eltern nicht ihm gehören, also Individuen mit eigenen Interessen und Bedürfnissen sind. Es versucht nun also mit allen ihm zur Verfügung stehenden Mitteln, die Eltern wieder für sich zu gewinnen. Manchmal wird in dieser Zeit aus dem »kleinen Prinzen« ein »kleiner Tyrann«.

Viele Eltern haben große Schwierigkeiten mit dieser Zeit. Einerseits fällt es ihnen schwer, das Kind loszulassen. Andererseits ist es nicht mehr ohne weiteres einsichtig, warum der oder die Kleine ständig Aufmerksamkeit brauchen soll. Eltern reagieren dann oft so, daß sie dem Kind seine Wechselhaftigkeit zum Vorwurf machen. Manchmal wird das Kind zurückgestoßen, wenn es auf der Suche nach Annäherung ist: »Sonst kannst du ja auch alles alleine, also laß mich in Ruhe«. Zu anderen Zeiten mag es schwerfallen, nicht ängstlich danebenzustehen, wenn das Kind auf die Rutschbahn klettert und darauf besteht, es alleine machen zu wollen. Im einen Moment kann das Kind wütend fordern: »Selber machen!«, im nächsten schreit es verzweifelt nach der Mama.

Dieses Wechselbad müssen Eltern mitmachen und aushalten können und dabei sowohl tröstend zur Verfügung stehen als auch loslassen können. Ein gelegentlicher kleiner Schubs in Richtung Unabhängigkeit kann dabei hilfreich sein: »Na sieh mal, du kannst ja ganz alleine auf die Rutschbahn klettern! Prima!«

4.2.2.3 Ich möchte selbst bestimmen ...

Wenn das Kind mit etwa zwei Jahren gelernt hat, daß es eine ganz eigene Person ist, und auch akzeptiert hat, daß sich die Welt nicht nur um es selber dreht, beginnt es, für sich die selben Rechte einzufordern, die die Erwachsenen haben, nämlich über sich selbst zu bestimmen. Diese oft als »Trotzphase« beschriebene Zeit ist für das Kind sehr wichtig, denn es muß einerseits lernen, sich unterzuordnen, aber ebenso, sich durchzusetzen. Die Aggressionen, die ein trotziges Kleinkind entwickeln kann, stehen also im Dienst der Entstehung eines stabilen Selbst.

Die Welt des Kindes wird von den Eltern und vielleicht älteren Geschwistern eingeschränkt. Akzeptiert es diese Einschränkungen, ist es weiterhin das liebe Kind, fühlt sich aber klein; wehrt es sich gegen Einschränkungen, verliert es für eine gewisse Zeit die Zuneigung des älteren und stärkeren Familienmitgliedes, gewinnt aber selber ein Gefühl der Stärke. Damit stellt sich dem Kind die Frage: Verzichte ich auf liebevolle Zuwendung oder verzichte ich auf Autonomie? Beides kann ich nicht immer haben.

In der psychotherapeutischen Praxis findet man sehr häufig Ratsuchende, die große Not damit haben, daß sie unter starkem Druck stehen, alles immer richtig machen zu müssen. Sie fühlen sich schwach und können nur mit großen Schuldgefühlen zu den Ansprüchen anderer »nein« sagen. Es scheint, als ob diese zwanghaften oder depressiven Menschen bisher verpaßt haben, eine stabile Autonomie zu entwickeln, die es ihnen z.B. auch einmal ermöglicht, jemanden zu enttäuschen. Doch gerade diese Fähigkeit – damit zu leben, daß andere von mir enttäuscht sind – ist ja Grundvoraussetzung für reife zwischenmenschliche Beziehungen. Bei Rückfragen stellt sich dann häufig heraus, daß die Eltern dieser Menschen entweder sehr streng oder sehr verwöhnend waren. Wenn das Kind also entweder nie seinen Willen durchsetzen kann, oder wenn dieses Durchsetzen immer ohne nennenswerten Widerstand möglich ist, entwickelt sich wenig echte Autonomie.

Das Kind hat in dieser Zeit, etwa zwischen dem zweiten und dritten Geburtstag, eine sehr wichtige Aufgabe: Es muß lernen, mit der zeitweisen Ablehnung durch andere zu leben. Dieses »Alleinsein« ist aber vollkommen unerträglich, wenn das Kind nicht ein solides Vertrauen hat, daß nach einem Konflikt wieder eine liebevolle Beziehung möglich ist. Ein Kind, welches diese Erfahrung nicht hat, kann sehr schlecht Kritik aushalten, ist überängstlich in unvertrauter Umgebung und kann mit Konflikten zwischen Gleichaltrigen sehr schlecht umgehen. Wenn es dagegen erfolgreich war und einen realistischen Sinn für seine eigene Autonomie erworben hat, kann es sich altersgemäß durchsetzen und wird sich auch unterordnen können.

Für viele Eltern ist der Umgang mit dem trotzigen Kleinkind an ihrer Seite ein großes Problem. Manche nehmen die Wutausbrüche persönlich, so als ob das Kind nichts anderes im Sinn hätte, als den Eltern das Leben schwerzumachen. Andere fühlen sich schuldig und meinen, das Kind könnte glücklich und zufrieden sein, wenn nur die Eltern gut genug wären ... Ein altersgemäßer Umgang mit Wutausbrüchen kann unterschiedlich aussehen, je nach dem Erziehungsstil der Eltern. Die einen sind strenger, die anderen weniger streng. Aber das müssen sich Eltern bewußt machen: Die »Kämpfe« der Trotzphase sind notwendig, das Kind braucht sie, und es braucht in den Eltern einen »Gegner«, der sowohl nachgiebig als auch konsequent sein kann.

Dabei müssen nicht immer beide Elternteile den gleichen Stil haben. Einer kann sehr wohl strenger sein als der andere, ohne daß diese »Inkonsequenz« dem Kind schaden würde. Im Gegenteil: Die Vielfalt der verschiedenen Persönlichkeiten konfrontiert das Kind ja mit verschiedenen Lernmöglichkeiten für sein eigenes Leben. Das geht gut, soweit beide Eltern die Andersartigkeit des Partners begrüßen.

Probleme entstehen dann, wenn die Eltern miteinander im Konflikt stehen und diesen Konflikt über das Thema »Kindererziehung« austragen. Vorwürfe, die sich die Ehepartner machen, auch unterschwellige, werden von Kindern immer wahrgenommen. Der Ton macht hier die Musik. Es geht darum, wie der Papa sagt: »Frag halt die Mama!« Ein Kind soll merken, daß die Eltern eine Liebesbeziehung haben, auch wenn sie (oder gerade weil sie) in vielen Dingen unterschiedlich sind.

Richtig schlimm wird es, wenn die Ehepartner in ihrer Erziehung die Fehler des anderen auszubügeln meinen. Ein Beispiel aus der Erziehungsberatung: Eine Frau erlebt ihren Mann hartherzig und kalt, auch weil sie selber enttäuscht ist und sich mehr Zuneigung wünscht. Der Mann dagegen wirft seiner Frau vor, sie sei inkonsequent und verwöhne die Kinder. Um die »Fehler« des anderen wieder gutzumachen, haben sich beide noch mehr in die Richtung entwickelt, in die sie sowieso tendieren, und sind daher nicht gemäßigter, sondern extremer geworden: Sie begegnet dem Kind mit noch weniger Konsequenz, er mit noch weniger Barmherzigkeit. Sie präsentieren jetzt dem dreieinhalbjährigen Kind nicht mehr zu vereinbarende Extreme. Das Kind sieht sich ständig im Mittelpunkt ehelicher Konflikte und kann daher die notwendige Loslösung nicht wagen. Seine Reaktion: Es beginnt wieder einzukoten und vermeidet damit erfolgreich den Besuch des Kindergartens und die damit verbundene Trennung von den Eltern.

Nach erfolgreicher Bewältigung des Autonomiekonfliktes im Alter von etwa drei Jahren hat das Kind ein stabiles Vertrauen in die Liebe der Eltern. Es hat erfahren, daß Konflikte nicht zum Bruch der Beziehung führen. Diese Entwicklung wird in vielen Kulturen auch darin zum Ausdruck gebracht, daß das Kind nicht mehr ausschließlich im Elternhaus erzogen wird. Das Kind ist jetzt im »Kindergartenalter«.

4.2.2.4 Das Nest kennenlernen ...

Im weiteren Verlauf der frühen Kindheit, bis zum Eintritt in die Schule, hat das Kind die Aufgabe, enge Beziehungen zu anderen Familienmitgliedern als der Mutter zu entwickeln. Was Freud als »ödipalen Konflikt« beobachtet hat, bedeutet hier: Das Kind muß aus der Zweierbeziehung mit der Mutter heraustreten und eine Liebesbeziehung mit dem Vater entwickeln. Heute ist die Eindeutigkeit dieser Rollen nicht immer gegeben. Väter tendieren dazu, auch bei der Pflege des Kleinkindes aktiver mitzumachen. Andererseits gibt es viele alleinerziehende Eltern, die jetzt sowohl »väterliche« als auch »mütterliche« Aufgaben wahrnehmen müssen. Trotz dieser Änderungen im kulturellen Umfeld ist die Aufgabe des Kindes die gleiche geblieben. Es muß die Transition von der Primärperson (z.B. Mutter) zur Primärgruppe (Familie) machen. – Daß dieser Prozeß wesentlich einfacher geht, wenn zwischen den Eltern eine stabile Liebesbeziehung besteht, ist offensichtlich. Leider ist es aber in vielen Ehen so, daß die sehr anstrengenden Jahre mit Kleinkindern eine starke Belastung der elterlichen Beziehung mit sich bringen. Dabei können Eltern ihren Kindern gar nichts besseres tun als sich gegenseitig liebzuhaben. Also ist es durchaus gute Erziehung, wenn Eltern sich Zeit für Zweisamkeit nehmen.

In der heutigen Gesellschaft mit ihrer starken Mobilität ist es bei vielen Familien nicht so, daß der weitere Familienkreis – Großeltern usw. – die Pflege der Kinder zwischendurch übernehmen kann. Das Ergebnis ist bei vielen Ehepaaren, daß die Pflege der Ehebeziehung zu kurz kommt. Im Gegensatz zu früheren Generationen gibt es auch immer weniger Bereiche, in denen Ehepartner zusammen arbeiten. Viele Eltern wagen es aber nicht,

Außenstehende um Hilfe zu bitten, die Kinder bzw. das Kind einmal ein Wochenende zu nehmen. Viele sehen ein solches Hilfsbedürfnis als Eingeständnis an, daß sie ihren Aufgaben nicht gewachsen sind.

Es scheint, daß hier die christliche Gemeinde ihre Aufgabe, Familie zu sein, neu entdecken muß. Junge Familien brauchen in aller Regel am Ort eine »Adoptivfamilie«, wenn die eigene Verwandtschaft nicht in der Nähe oder nicht in der Lage ist, solche Aufgaben zu übernehmen.

4.2.2.5 Über den Nestrand schauen ...

Wenn das Kind sich in der Primärgruppe wirklich sicher fühlt, also eine Liebesbeziehung mit beiden Eltern und Geschwistern hat, hat es eine solide Absprungbasis, die weitere Welt kennenzulernen. Es hat jetzt die Aufgabe, diese Sicherheit von der Primärgruppe auf die Sekundärgruppe zu übertragen. Das geschieht u.a. dadurch, daß das Kind stabile Beziehungen mit gleichgeschlechtlichen Freunden aufbaut. Sehr wichtig ist in dieser Zeit das Erlernen von Fertigkeiten, z.B. im Sport, in der Schule und in anderen Bereichen.

Wenn es gut geht, hat das Kind etwa zum zwölften bis fünfzehnten Lebensjahr

– ein gesundes Selbstvertrauen entwickelt. Es kann sich gegenüber Gleichaltrigen durchsetzen, versteht aber, daß es auch Rücksicht auf die Bedürfnisse anderer nehmen muß;

– eine vertrauensvolle Beziehung zu beiden Eltern. Dabei mag der eine oder andere Elternteil zu bestimmten Zeiten bevorzugt werden, aber die Loyalität zu einem Teil darf nicht auf Kosten der Zuneigung zum anderen gehen;

– eine Identifikation mit dem gleichgeschlechtlichen Elternteil und – damit verbunden – eine eigene geschlechtliche Identität gefunden;

– ein stabiles Vertrauen darauf, daß die Eltern für das Kind da sind, wenn es sie braucht. Aus diesem Vertrauen heraus kann das Kind aushalten, allein zu sein. Es vertraut darauf, auch in der Abwesenheit der Eltern Probleme lösen zu können;

– ein stabiles Wertesystem, welches unkritisch von den Eltern übernommen wurde.

4.2.2.6 Flügge werden ...

Die oben angeführten Ergebnisse einer erfolgreichen kindlichen Entwicklung bilden nun die Grundlage dafür, daß das Kind zum Jugendlichen wird. Dabei kommt der Aggression in dieser Zeit wieder besondere Bedeutung zu. Die Aufgabe des Teenagers ist, sich von den Werten und Normen der Familie zu lösen, um eigene neue zu entwickeln bzw. sich die alten zueigen zu machen. Die Rollenautorität der Eltern wird nicht mehr ohne weiteres akzeptiert. Entscheidungen der Eltern müssen dem Jugendlichen einleuchten, sonst teilt er sie nicht und wird sich auch nicht ohne erheblichen Widerstand danach richten, was die Eltern »über seinen Kopf hinweg« anordnen.

Für fast alle Eltern ist diese Zeit ein schwieriger Abschnitt, für die meisten Jugendlichen ebenso. Dabei fällt es den Eltern verständlicherweise schwer, den Loslösungsprozeß jetzt innerlich zu unterstützen. Erstens sind die knapp fünfzehn Jahre seit der Geburt des Kindes für die Eltern eine sehr kurze Zeit; zweitens – und das wiegt wahrscheinlich noch schwerer – richtet sich jetzt viel von der psychischen Energie des Jugendlichen gegen die Eltern.

Viele Eltern nehmen dies persönlich, als ob Pubertät Undank von seiten des Kindes für die Mühen und Sorgen wäre, die sie sich als Eltern bisher gemacht haben. Nicht selten versuchen sie dann, ihre Ziele durchzusetzen, indem sie die Kinder unter Druck setzen. Manchmal mag das auch nötig sein. Meistens jedoch kommt es zu ernsten Konflikten, wenn Eltern meinen, sich auch in Dingen durchsetzen zu müssen, die eher eine Frage des Geschmacks sind. Musik und Kleidungsstil, die Wahl der Freunde, wie und wofür man sein Geld ausgibt, sind Entscheidungen, die ein Teenager für sich treffen sollte. Dabei soll er auch Fehler machen dürfen, solange diese Fehler nicht für das ganze Leben ernsthafte Konsequenzen haben.

Auch im Bereich des Glaubens muß sich der Teenager zu eigenen Überzeugungen durchringen. Gott hat keine Enkelkinder, und die Beziehung, die die Eltern zu ihm haben, läßt sich nicht auf die Kinder übertragen.

Der primäre Modus der Erziehung bei Teenagern ist die Delegation. Im gemeinsamen Gespräch werden die Erwartungen und Anforderungen, die der Jugendliche erfüllen sollte, besprochen und miteinander abgestimmt. Dabei muß der Teenager wirklich mitreden können. Welche Wünsche und Erwartungen liegen von seiten des Teenagers vor, welche von seiten der Eltern? Wo gibt es Konflikte? Ist es möglich, sich in der Mitte zu treffen?

Solche Verhandlungen müssen erst erlernt werden, nicht nur von den Kindern, sondern auch von den Eltern. Wichtig ist, daß die Eltern es den Kindern nicht zu einfach machen, aber auch nicht zu schwierig. Es ist daher äußerst ratsam, solche Gespräche nicht erst dann zu beginnen, wenn es Konflikte gibt, sondern sie schon vorher zu üben. Dabei ist mit Teenagern sehr viel einfacher zu reden, wenn sie schon vor der Pubertät erfahren haben, daß die Eltern ihre Einwände ernst nehmen.

Manchmal kommt es vor, daß Eltern nach einigem Kampf resignieren – sie kapitulieren vor der Übermacht des Teenagers. Es kommt zu einem Bruch zwischen Eltern und Kind; die Bereitschaft oder die Fähigkeit, sich im Gespräch ernsthaft mit dem anderen auseinanderzusetzen, fehlt. Das ist dann keine »normale Pubertät« mehr. Es findet kein stetiges Herauswachsen aus dem Elternhaus statt, sondern eine gewaltsame Ablösung.

Es ist wenig sinnvoll, in solchen Situationen eindeutige Ursachen zu suchen, was darauf hinauslaufen würde, daß entweder die eine oder andere Seite schuldig wäre an der Situation. Beide Seiten, Eltern und Kinder, sind beteiligt, und Veränderungen ergeben sich dann, wenn beide Seiten bereit sind, Zugeständnisse zu machen und ihre Fehler einzugestehen. Ziel der Pubertät ist nicht der Abbruch der Beziehungen, sondern das Finden einer reifen Eltern-Kind-Beziehung. In einer solchen Beziehung stehen sich alle Beteiligten als erwachsene, befreundete Personen gegenüber. Auch bei unterschiedlichen Meinungen besteht jetzt kein Erziehungsanspruch mehr, wohl aber Erfahrungsaustausch.

4.2.2.7 Entwicklung geht weiter

Viele Modelle der Persönlickeitsreifung scheinen im wesentlichen davon auszugehen, daß mit dem Erreichen des Erwachsenenalters die Entwicklung der Persönlichkeit abgeschlossen ist. In einer gewissen Weise scheint das auch die Bibel so zu sehen: »Erziehe den Knaben seinem Wege gemäß; er wird nicht davon weichen, auch wenn er alt wird« (Sprüche 22,6). Trotzdem gibt es auch auf dem weiteren Weg wichtige Reifungsaufgaben, die der Mensch mehr oder weniger gut bewältigt. Dazu gehören z.B. das Gründen einer eigenen Familie und das Bewältigen der damit verbundenen Verzichte, das Einleben in den Beruf, das Umgehen mit biologischen Veränderungen wie z.B. den Wechseljahren, das Abgeben von Verantwortung im Alter und letztlich auch das Umgehen mit dem eigenen Sterben.

Kindheitserlebnisse können prägen, aber nicht bestimmen.

Dabei legt die frühere Entwicklung eine Basis, die aber weder den Mißerfolg noch den Erfolg der weiteren Reifungsschritte garantiert.

Ein Mann sagt im Rahmen einer psychotherapeutischen Behandlung: »Wissen Sie, bei mir kann das nichts werden, weil mir einfach das Urvertrauen fehlt . . . und das kann man ja auch nicht nachholen.« Eine solche Festschreibung ist nie sinnvoll.

Erstens sind solche eindeutigen Kausalzusammenhänge zwischen Kindheit und Erwachsenenalter nicht erwiesen. Im Gegenteil, es zeigt sich, daß die frühkindliche Umgebung nur einer von mehreren Faktoren sein kann.

Zweitens ist das »Schwarz-Weiß-Denken«, das durch solche Überzeugungen gefördert wird, nicht hilfreich. Um im Beispiel zu bleiben: Wenn es so etwas wie »Urvertrauen« gibt, dann hat man davon mehr oder weniger – nicht alles oder nichts.

Die kindliche Entwicklung ist also nicht alleinbestimmend für spätere Lebensbewältigung. Seelische Reife bedeutet immer, Verantwortung für die eigene Existenz zu übernehmen und nicht an den Defiziten der Vergangenheit festzuhalten.

5. Miteinander reden

Als ein wesentliches Ziel der Erziehung wurde bereits weiter oben genannt, daß die Ebenbildlichkeit in einem möglichst hohen Maß im Leben des Kindes und dann des Erwachsenen verwirklicht werden kann. Die Ebenbildlichkeit ist ja von der Schöpfung her Geschenk Gottes an den Menschen. Dieses Geschenk gehört jedem Menschen und ist die Ursache für den Wert jedes Menschen.

Zu den Fähigkeiten, die in der Ebenbildlichkeit gegeben wurden – und die den Menschen vom Tier unterscheiden – gehört die Fähigkeit zu einer Art von Begegnung, die es uns möglich macht, die Welt aus der Perspektive des anderen zu erfahren. Wir können unsere ganz persönlichen Erlebnisse und Gefühle anderen so mitteilen, daß diese anderen sagen können: »Ja, jetzt habe ich verstanden, was in dir vorgeht . . .«

Diese Fähigkeit kommt nicht von alleine, sie muß entwickelt und geübt werden. Vor allem aber gibt es Prozesse, die einem Menschen bei seinem Versuch, anderen Menschen so zu begegnen, einen Strich durch die Rechnung machen. Oft ist es in der Familienatmosphäre – also in der Art, wie man miteinander redet – bedingt, daß eine echte, zwischenmenschliche Begegnung fast unmöglich wird.

Leider sind christliche Familien von diesen Prozessen nicht ausgenommen; im Gegenteil, in mancher Hinsicht scheint es, als ob ein einseitiges Glaubens- oder Gottesverständnis bei vielen Christen eher dazu beiträgt, daß eine wirkliche Begegnung nicht stattfinden kann.

5.1 Menschen brauchen Begegnung

Gemeinschaft und persönlicher Austausch mit anderen ist für Menschen kein Luxus, auf den sie verzichten könnten. Im Gegenteil, sie sind lebensnotwendig. Die Beobachtungen von René

Spitz in Waisenhäusern der Nachkriegszeit zeigen, daß Sauberkeit, Wärme und Nahrung nicht ausreichen, um einen Säugling am Leben zu erhalten. Viele der Waisen starben an einem Mangel an menschlicher Begegnung, obwohl sie körperlich gut versorgt waren. Ohne Ansprache, Gehaltenwerden und Nähe wurden sie schwach, dann krank, und viele starben.

Menschen, die über das Säuglingsalter hinweg sind, sterben wohl nicht mehr so »ohne weiteres« aus Einsamkeit. Isolation führt jedoch für viele zu unerträglichem Leiden, oft mit dem Selbstmord als letztem Ausweg.

In jeder Stufe der menschlichen Entwicklung spielt die Begegnung mit anderen eine wichtige Rolle als Grundlage der persönlichen Identität. Wer ich bin, kann ich nicht direkt und unmittelbar erfahren; dazu brauche ich andere, bei denen ich miterleben kann, wer ich für sie bin.

Der jüdische Religionsphilosoph Martin Buber faßt seine Philosophie in einem Satz zusammen: »Der Mensch wird zum Ich am Du.« Es geht dabei nicht nur um die Entwicklung eines Selbstbildes aufgrund von Botschaften anderer: »So bist du . . .«, die dem einzelnen ein Konzept darüber vermitteln, wie er oder sie auf andere wirkt. Das ist zwar auch wichtig, aber es geht um mehr. Jeder Mensch muß lernen, seine persönlichen Erfahrungen einzuordnen. Die rein subjektive Erfahrung ist oft bedeutungslos, wenn nicht sogar notvoll, wenn man seine eigene Erfahrung nicht neben die anderer stellen kann.

Das bedeutet, daß ein Bereich, in dem man zwar Erlebnisse hat, über den man aber in einer Familie nicht sprechen kann, für die Betroffenen zu großer Not führen kann. Denn die bestehenden Gefühle können jetzt nicht eingeordnet werden, was dazu führt, daß sie wie verboten sind.

Jede Familie hat ihre »Tabubereiche«, die mehr oder weniger dadurch definiert werden, daß die Eltern über diesen Bereich selber nicht reden und vielleicht das Sprechen über diesen Bereich ignorieren oder gar strafen. Dadurch wird dem Kind vermittelt: »Darüber sprechen wir nicht«.

Daß es in mancher Hinsicht scheint, als ob unsere Gesellschaft ihre Schamgrenzen verloren hat, hat leider nicht dazu beigetragen, daß man in den Familien offener und ohne peinliche Gefühle über den Bereich der Sexualität spricht. Aber ein Tabu kann es ebenso in jedem anderen Bereich geben. Kann man offen über die Einstellung der Eltern zum Geld reden? Über das Körpergewicht der Mutter? Über die Zornausbrüche des Vaters? Über die Langeweile bei einer Predigt? Über die Spannungen zwischen Eltern und Großeltern? Über das Alkoholproblem bei Tante Anna? Über den Selbstmord von Herrn Meier? usw.

Daß es Intimsphären gibt und geben muß, ist dadurch nicht berührt. Aber die Intimsphäre sollte möglichst klar ausgewiesen werden: »Das ist ein Problem zwischen Mama und mir, da sprechen wir zu zweit darüber!«

Wichtige emotionale Erlebnisse, die man nicht mit dem Erleben anderer vergleichen kann, werden als »anormal« wahrgenommen. Das heißt, diese Emotionen sind nicht wünschenswert und werden im Endeffekt nicht mehr wahrgenommen, weil sie nicht wahr sein dürfen. In christlichen Familien gilt das besonders häufig bei Gefühlen wie Ärger und Uneinigkeit, aber auch anderen Gefühlen, die dem Bereich der Sünde zugeordnet werden. Dadurch, daß man diese Gefühle aber verdrängt, werden sie nicht bewältigt und bleiben auch nicht ohne Auswirkungen. Der Mensch wird blind für einen Teil seines eigenen Erlebens, und solche mehr oder weniger stark ausgeprägten »blinden Flecke« haben wohl alle Menschen. Sie führen zu einer unrealistischen Wahrnehmung der eigenen Verhaltensweisen sowie der anderer Personen. Wenn solche Wahrnehmungsverzerrungen stark ausgeprägt sind, wird der Realitätsbezug eines Menschen schwächer, eventuell leidet der Mensch an einer neurotischen Störung.

Gefühle, über die man nicht reden kann, werden somit zum seelischen Krankheitsherd. Das heißt, in der Familie müssen nach Möglichkeit alle Gefühle, die ein Familienmitglied erlebt, »okay« sein.

Nach einer Auseinandersetzung mit der Mutter stampft Jens wutschnaubend die Treppe hoch, knallt die Tür zu seinem Zimmer zu und läßt noch ein paar unfreundliche Vokabeln los.

Im Affekt geschieht es schnell, daß man als Elternteil in einer solchen Situation keinen Unterschied mehr zwischen den Gefühlen des Kindes und seinen Verhaltensweisen macht und beides bestraft: »Wenn du so über mich denkst, kannst du ja alleine sehen, wie du zurechtkommst . . .«

Dabei ist es ja gerade die Existenz dieser zornigen Gefühle, die es nötig macht, daß man damit umgehen lernt. Richtiger wäre es, dem Kind zu vermitteln, daß solche Gefühle normal und nachvollziehbar sind. Das geschieht aber am besten erst, wenn der Rauch etwas verflogen ist: »Daß du dich über mich geärgert hast, kann ich verstehen; aber der Ton, in dem du mit mir redest, ist nicht akzeptabel. Erstens werde ich dann zornig auf dich, und das macht es auch für dich nicht besser; zweitens mußt du lernen, daß man seinem Ärger auch Luft machen kann, ohne andere zu verletzen.«

Ein gutes Realitätsempfinden zu entwickeln, bedeutet also, daß ein Minimum an Verzerrungen notwendig ist. Das wird dann erreicht, wenn emotionale Erlebnisinhalte wahr sein dürfen, also von anderen Personen bestätigt werden.

Diese Bestätigung findet auch dann statt, wenn jemand miterlebt, daß eine andere Person ähnliche Erlebnisse hat wie man selber. Nun gibt es in jeder Familie, aber auch in jeder Kultur oder Subkultur Bereiche, die unter »Zensur« stehen – in denen man selten oder nie von anderen hört, wie sie etwas wirklich erleben. Auch unter Christen verschiedener Prägungen gibt es solche Bereiche.

5.2 Was ist Gespräch?

Ein ganz einfaches Modell des Gesprächsvorgangs besteht aus drei Teilen: Sender, Empfänger und Botschaft.

Sender ——▶ Botschaft ——▶ Empfänger

Dabei tauschen Sender und Empfänger im Laufe des Gespräches häufiger die Rollen.

Ein solches Gespräch ist direkt, ungestört, eindeutig – die Botschaft ist identisch mit dem Gemeinten und wird auch so verstanden.

Leider kommt diese Form des Gespräches wohl höchst selten vor. Kinder sind manchmal sehr direkt und sagen frei, was sie denken – aber das gewöhnen wir Erwachsene ihnen schnell wieder ab. Vielleicht ist es diese direkte, unverzerrte Art des Gesprächs, die Jesus meinte, als er sagte: »Wer das Reich Gottes nicht annimmt wie ein Kind, wird nicht hineinkommen« (Matthäus 10, 15). Unter Erwachsenen und älteren Kindern kommt ein solch direktes Gespräch so gut wie nicht vor. Meistens schwingen »zwischen den Zeilen« verschiedene Nachrichten mit, und häufig ist die verbal ausgedrückte Botschaft nur wenig identisch mit dem Gemeinten. Insbesondere werden persönliche Gefühle zwischen indirekte Aussagen verpackt – »Der Ton macht die Musik«.

»War das wirklich nötig?« fragt die Mutter den Sohn, der eine »Fünf« nach Hause bringt. Was sie meint, ist: »Ich denke, du hättest gut eine bessere Note schreiben können, und es ärgert mich, daß du dich nicht mehr eingesetzt hast!« Im allgemeinen versteht der Sohn auch, was sie mit der Frage meint; nur muß er ja irgendwie antworten. Dabei wird sich seine Antwort aber selten auf die gemeinte Nachricht beziehen, sondern eher auf die gesagte Aussage. Das heißt, die persönlichen Gefühle bleiben unter dem Tisch. In der Antwort werden allerdings die Gefühle des Sohnes mitschwingen, wenn er etwas patzig antwortet: »Nee, ich hab absichtlich ne Fünf geschrieben!« Was er meint: »Natürlich hast du recht, aber ich ärgere mich über deine Vorwürfe, weil sie mir jetzt auch nicht helfen.«

Wie man an diesem Beispiel sieht, braucht man viel mehr Worte, um das zu sagen, was man meint, wenn man es eindeutig und klar sagen möchte. Eine verdeckte Kommunikation komprimiert dagegen wesentliche Inhalte der Nachricht in die nonverbale Ebene. Dadurch werden uns oft viele Sätze erspart, aber das hat seinen Preis. Die Nachricht ist jetzt vielschichtig – und ob tatsächlich das verstanden wird, was gemeint war, ist gar nicht sicher. Und selbst, wenn es richtig wahrgenommen wurde, was gemeint war, kann man darauf nicht unbedingt antworten – denn es hat ja keiner gesagt.

Meistens wird also das folgende Kommunikationsmodell zutreffen:

Sender ⟶ Kodierung ⟶ »Botschaft« ⟶
Dekodierung ⟶ Empfänger

Im Entschlüsseln der ungesagten Anteile einer Nachricht liegt also das eigentliche Problem. Dabei spielt die momentane Stimmung ebenso eine wesentliche Rolle wie die Gesamteinstellung des Empfängers zum Sender. Die Haltung, die man dem anderen gegenüber einnimmt, präsentiert einen Wahrnehmungsfilter – wir hören oft am Ende das, was wir von vornherein für wahr hielten. (Eine ausführlichere Diskussion dieser Aspekte findet sich bei Dieterich, 1987, S. 268ff).

Gespräch ist also viel mehr als »Hören« und »Reden«. Zur Begegnung zwischen zwei Menschen gehört,

- daß man so weit wie möglich verbal sagt, was man wirklich meint;
- daß man persönliche Gefühle »zwischen den Zeilen« hören lernt;
- daß man davon ausgeht, nicht unbedingt das verstanden zu haben, was der andere meint;
- daß man sich vergewissert, richtig verstanden zu haben;
- daß man Person und Sache trennt, also Respekt und Achtung auch dann zum Ausdruck bringt, wenn z.B. ärgerliche Gefühle zum Ausdruck kommen.

Der amerikanische Psychologe Carl Rogers hat diese Bedingungen für zwischenmenschliche Begegnung mit den Begriffen Echtheit, Empathie (mitfühlendes Verstehen) und Wertschätzung zusammengefaßt. Er und andere konnten sehr deutlich zeigen, daß eine offene, konstruktive Gesprächsatmosphäre dann entsteht, wenn diese Bedingungen vorhanden sind. Als überzeugter Humanist war Rogers der Ansicht, daß es ausreichend sei, eine solche Atmosphäre zu schaffen, es also keine eigentlichen Erziehungsziele geben sollte, die die Eltern dem Kind autoritativ vorgeben. Das biblische Menschenbild, aber auch viele wissenschaftliche Untersuchungen halten dem entgegen, daß die angesprochenen Bedingungen wohl notwendig, aber nicht ausreichend sind für die Erziehung.

5.2.1 Echtheit

Echtheit bedeutet, daß das Gesagte in einem möglichst hohen Maß dem entspricht, was die Person wirklich denkt, fühlt und erlebt. Es geht dabei nicht zuerst darum, daß man nicht lügen soll (darin sind sich Christen wohl einig), sondern darum, daß man dem anderen nicht in einer Rolle begegnet, sondern als die Person, die man ist. Gefühle und persönliche Erlebnisse, die für die Beziehung relevant sind, werden verbal zum Ausdruck gebracht. Die Relevanz des Erlebten für die Beziehung ist dabei wichtig. Echtheit bedeutet nicht, daß Eltern über alles, was in ihnen vorgeht, mit den Kindern reden. Das würde die Kinder maßlos überfordern.

Während der Pubertät ist es Aufgabe des Heranwachsenden, die elterlichen Werte – auch die, die mit dem Glauben zusammenhängen – zu hinterfragen, um sie entweder abzulegen oder zu den eigenen zu machen.

Klaus steckt mitten in dieser Aufgabe und möchte in die Gemeinde, die die Eltern besuchen, nicht mehr mitgehen. Wenn die Eltern in bisherigen Gesprächen echt waren, dann weiß Klaus, daß auch sie nicht immer gerne gehen und manchmal frustriert sind über die Glaubensgeschwister. Damit steht Klaus in dieser für ihn und die Eltern schwierigen Zeit nicht in einer »ganz anderen Welt« als die Eltern, sondern es sind gemeinsame Erfahrungen da, die als Basis für das weitere Gespräch dienen. Im Gespräch ist es dann wichtig, daß die Eltern sich nicht darauf beschränken, mit »frommen« Argumenten die Richtigkeit der Gemeindeform zu verteidigen. Sie sollten ihre persönlichen Gefühle mit ins Gespräch bringen: Was bedeutet es für mich, wenn mein Sohn in eine andere oder gar keine Gemeinde geht? Kann ich offen sagen, daß ich z.B. Angst davor habe, daß andere Gemeindemitglieder uns dann für schlechte Eltern halten könnten? Welche Ängste habe ich in bezug auf die Glaubensentwicklung meines Sohnes?

Es ist nicht sinnvoll, heranwachsende Jugendliche unter Druck zu setzen, damit sie am Gemeindeleben teilnehmen. Es ist aber auch nicht richtig, eine solche Entscheidung so zu akzeptieren, als ob sie den Eltern unwichtig sei. Es ist ja auch eine Aufwertung damit verbunden, daß sich Eltern Sorgen machen, nicht alle Entscheidungen unkritisch hinnehmen, usw. Jugendliche sind sich allerdings wohl oft nicht bewußt, daß sie sich auch den Widerstand der Eltern wünschen. In der Diskussion schwieriger Probleme bedeutet Echtheit, einen Mittelweg zu finden zwischen dem »Gewährenlassen« und autoritärer Bestimmung.

5.2.2 Bedingungslosigkeit der Wertschätzung

Eine offene Begegnung zwischen zwei Personen wird nur dann möglich, wenn sich beide Personen nicht persönlich abgeurteilt fühlen müssen. Persönliches Erleben wird im Sinne einer maximalen Echtheit mitgeteilt, ohne daß die Person des anderen angegriffen oder beurteilt wird. Wertschätzung ist eigentlich nichts anderes als das Umsetzen der Erkenntnis, daß jeder Mensch gleich wertvoll und von Gott geliebt ist.

Aussagen, die mit »Du bist. . .« anfangen, sind selten wertschätzend. Selbst wenn ein Lob folgt: »Du bist aber schön fleißig!«, schwingt implizit die Botschaft mit, daß eine Beurteilung der Person erfolgt ist, daß also der Wert einer Person von ihren Verhaltensweisen abhängig zu sein scheint. Besser wäre zu sagen: »Da bin ich froh, daß du mir so prima geholfen hast!«, oder: »Jetzt bin ich richtig stolz auf dich!«

5.2.3 Einfühlungsvermögen

Einfühlung bedeutet aktives Zuhören; anders ausgedrückt, die Fähigkeit, die kodierten Gefühle und Erlebnisse des anderen richtig zu verstehen und in Worte zu fassen. Die Psychotherapie nennt dieses auch »Empathie«.Wenn eine Wertschätzung vorliegt, bedeutet das sicherlich meistens, daß man diese Gefühle nicht nur rational wahrnimmt, sondern auch miterlebt. In einer Auseinandersetzung bedeutet das, die Gefühle des anderen nicht als persönlichen Angriff zu nehmen.

Da das Dekodieren, wie oben bereits beschrieben, keine eindeutige Sache ist, darf man sich seiner Sache nie zu sicher sein. Empathisches Verhalten bedeutet also nicht, dem anderen mitzuteilen, was er wohl fühlt, sondern zu fragen, ob man den anderen so richtig verstanden hat. Oft ist einem Gesprächspartner die kodierte Nachricht des anderen sehr unklar, manchmal steht man völlig im Dunkeln.

Seit ein paar Tagen gibt sich Sabine eher verschlossen, zieht sich viel zurück und scheint keine rechte Freude an Familienaktivitäten zu haben. Die Mutter beobachtet dieses Verhalten mit etwas Sorge, weiß aber nicht, was es bedeutet.

Schließlich ergibt sich eine Möglichkeit zum Gespräch. Ohne Vorwurf sagt die Mutter: »Ich habe den Eindruck, du verbringst viel Zeit alleine auf deinem Zimmer. Ich bin nicht sicher, aber ich denke, du bist irgendwie ziemlich frustriert . . .« Damit besteht für Sabine eine Einladung, verbal zu sagen, was sie durch ihren Rückzug nonverbal ausgedrückt hat: »Ich weiß nicht . . . vielleicht.« Mutter: »Das klingt so, als ob du dir nicht sicher bist, ob du darüber reden möchtest.« Sabine: »Es ist halt immer das gleiche . . . In unserer Familie machen wir nie was Neues.« Mutter: »Du würdest gerne etwas ändern, einfach mal raus aus dem alltäglichen Trott . . .«

Jetzt sind Mutter und Tochter bereits mitten im Gespräch. Die Mutter zeigt durch ihr Zuhören, daß sie sich für das persönliche Erleben von Sabine interessiert. Sie verteidigt nicht gleich die Familie, sondern möchte erst einmal miterleben, wie es Sabine geht. Sie versucht auch nicht, Sabine von etwas anderem zu überzeugen oder sie aufzumuntern. Sabine hat das Gefühl, daß man ihr zuhört, und das ermuntert sie dazu, sich weiter zu öffnen.

»Wer antwortet, ehe er gehört hat, dem ist es Torheit und

Schande« (Sprüche 18, 13). Auch im Gespräch innerhalb der Familie gilt, daß intensives, aktives Zuhören Grundvoraussetzung für eine offene Atmosphäre ist.

Natürlich ist es auch manchmal notwendig, über das Zuhören hinauszugehen und dem anderen die eigene Meinung zu sagen.

5.3 Konfrontieren – aber wie?

Die Bibel spricht an vielen Stellen von der Notwendigkeit der Konfrontation, auch der zwischenmenschlichen Reibung, als Voraussetzung für persönliches wie geistliches Wachstum. »Wie Eisen schärft Eisen, so schärft ein Mann den anderen« (Sprüche 27, 17), so bringt es Salomo auf einen Nenner.

Wer also meint, in einer christlichen Atmosphäre dürften nie die Funken fliegen, hat den Auftrag: »Lasset Eure Gelindigkeit kund werden allen Menschen« (Philipper 4, 5) sicherlich nicht ganz verstanden. Wichtig ist, zwischen destruktiven und konstruktiven Formen der Auseinandersetzung zu unterscheiden. Denn »Gelindigkeit« ist auch, andere in Liebe auf die negativen Folgen ihres Tuns hinzuweisen. Beachten müssen wir dabei, daß unsere Zurechtweisung nicht zur »frommen« Selbstgerechtigkeit wird. Folgende Punkte sollten dabei helfen:

5.3.1 Den richtigen Zeitpunkt finden

»Schweigen hat seine Zeit, und Reden hat seine Zeit« (Prediger 3, 7b). Auch für das Konfrontieren gilt es, den richtigen Zeitpunkt zu schaffen. Zwischen Tür und Angel ist eine Konfrontation nicht sinnvoll, ganz besonders innerhalb der Familie oder Ehe. Manchmal müssen die Gemüter erst ein wenig kühlen, andere Zeiten sind einfach zu hektisch. Dagegen zeigt eine Einladung zum Gespräch nicht nur, daß uns unser Gegenüber etwas wert ist, sondern sorgt dafür, daß eine entspannte Atmosphäre geschaffen werden kann, die es dem anderen erleichtert, sich nicht angegriffen zu fühlen. Denn wer sich angegriffen fühlt, wird sich verteidigen, und das schadet einer wirklich förderlichen Auseinandersetzung.

Simon macht sich gerade fertig, um in die Schule zu gehen. Die Familie ist in Hektik, weil alle etwas verspätet sind und sich beeilen müssen.

Simons Mutter stellt beim Abschied fest, daß seine neue Jacke sehr schmutzig ist. Sie ärgert sich darüber, daß er es ihr nicht vorher gesagt hat und wohl am Vortag nicht – wie besprochen – eine alte Jacke zum Spielen angezogen hatte.

Jetzt heißt es für Simons Mutter, auf die Zunge zu beißen. Sie sollte ihn ohne weiteren Kommentar mit der schmutzigen Jacke gehen lassen, sich aber vornehmen, mit ihm am Nachmittag zu sprechen. Später am Tag ergibt sich sicher eine Gelegenheit, in der Simon der Mutter besser zuhören kann, und die Mutter auch sachlicher konfrontieren kann.

5.3.2 *Konfrontation: ein Dienst am anderen*

Es geht bei der Konfrontation nicht darum, dem Gegenüber den Kopf zu waschen, sondern die Füße. Konfrontation ist ein Dienst, der in besonderem Maße die richtige Haltung – von unten kommend im Sinne von Philipper 2, 3 – erfordert: »Ein jeglicher achte in Demut den anderen höher als sich selbst.« Das heißt, als Konfrontierender bin ich mir meiner persönlichen Subjektivität und Fehlbarkeit bewußt und bringe sie auch zum Ausdruck. Konstruktive Kritik ist nicht absolut, sondern von persönlicher Subjektivität (Echtheit) gekennzeichnet. Also nicht: »Du machst das ja alles falsch!«, sondern: »Das gefällt mir nicht, wie du das machst. Ich meine, es sollte anders gemacht werden.«

5.3.3 *Wünsche äußern*

Keiner kann Gedanken lesen. Trotzdem erwarten Eltern oft, daß ihre Kinder eigentlich wissen müßten, was die Eltern von ihnen erwarten.

Johannes wird von seinen Eltern in die Beratung gebracht, weil er in der Schule Schwierigkeiten hat. Auf die Frage des Beraters, was er denn tun müsse, damit seine Eltern mit ihm zufrieden seien, zuckt er die Achseln und sagt: »Überall gute Noten bringen«.

Es zeigt sich im weiteren Gespräch, daß die Eltern in ihren Gesprächen mit Johannes nie ein Ziel formuliert hatten. Er nahm an, daß sie von ihm erwarten würden, besser zu sein, bis er überall »sehr gut« habe. Die Eltern erwarteten das aber überhaupt nicht. Alles Nörgeln und Kritisieren hatte schon daher keinen Erfolg, weil Johannes die von ihm vermuteten Anforderungen nie hätte erreichen können – und daher resigniert aufgab, bevor er es überhaupt probierte.

5.3.4 Kritik annehmen können

Eine gesunde Konfrontation ist auf Dauer kein einseitiger Prozeß. Salomo sagt eben nicht: »Wie Stein schärft Eisen, so der Starke den Schwachen« (vgl. Sprüche 27, 17). Eine Beziehung, in der das »Schärfen« kein wirklich gegenseitiger Prozeß ist, entmündigt einen Partner und fördert falsche Abhängigkeiten – also das Gegenteil von persönlichem Wachstum. Das gilt besonders für die Beziehung zwischen Eltern und Kindern; wenn wir unsere Kinder lehren wollen, müssen wir sie unsere Lehrer sein lassen. Das heißt nicht, ihnen immer Recht zu geben, aber wir müssen ihre Gefühle uns gegenüber ernst nehmen, auch – und besonders – ihren Ärger. Wer die Gefühle von Kindern bagatellisiert (»nur eine Phase, wird vorbeigehen«), ohne sich auch nur im geringsten zu fragen, ob nicht vielleicht eine ernstzunehmende Kritik dahinter stehen kann, bringt seinen Kindern bei, Kritik unreflektiert abzuwehren. Konkret heißt das: Wir können nur dann hilfreich konfrontieren, wenn wir selber Kritik annehmen können. Mehr noch: Wenn wir Kritik wirklich zu schätzen wissen (auch wenn sie weh tut), sind wir sicher eher in der Lage, dem anderen unsere Kritik auf wertschätzende Weise mitzuteilen.

6. Die Familie als System

Wir sind es gewohnt, bei der Lösung von Problemen kausal zu denken. Das heißt, wir suchen die Ursache des Problems und versuchen, das Problem zu lösen, indem wir die Ursache verändern. Bei vielen Situationen, etwa bei der Reparatur eines Autos, ist diese Vorgehensweise völlig ausreichend und führt zum gewünschten Erfolg. In sozialen Beziehungssystemen jedoch zeigt sich, daß einfache Kausalzusammenhänge nur zu häufig zu Lösungen führen, die ein Teil des Problems sind.

Herr und Frau Meier kommen zur Beratung wegen Ehe- und Erziehungsproblemen. Beide kommen mit dem Stil des anderen nicht zurecht. Herr Meier ist ein sehr gewissenhafter, strenger Mann, dem Genauigkeit und Pflichtbewußtsein sehr wichtig sind. Frau Meier sieht das Leben etwas lockerer und findet ihren Mann im Umgang mit den drei Kindern oft unbarmherzig. Beide haben bisher Lösungen gefunden, die aber irgendwie nicht zu funktionieren scheinen. Herr Meier hat entschieden, daß er für die »mangelnde Bereitschaft zur Konsequenz«, die er seiner Frau attestiert, ausgleichend um so strenger sein müsse. Frau Meier dagegen findet, wenigstens ein Elternteil müsse den Kindern auch »Liebe zeigen«, und so hintergeht sie den Vater oft, indem sie den Kindern die vom Vater versagten Privilegien heimlich zukommen läßt. Auf kurze Sicht hat so jeder eine Lösung gefunden. Auf Dauer wird die Situation aber schlimmer. Herr Meier bekommt natürlich oft mit, daß die Mutter nun doch den Kindern ihren Willen gelassen hat, und wird zunehmend strenger, worauf Frau Meier reagiert, indem sie weniger konsequent ist.

Herr und Frau Mustermann sind seit zwanzig Jahren verheiratet. Herr Mustermann ist im Beruf sehr erfolgreich, Frau Mustermann eine aktive Mitarbeiterin im Kirchengemeinderat. In letzter Zeit hat Frau Mustermann häufig starke depressive Verstimmungen. In einem Ehegespräch stellt sich heraus, daß sich beide Partner über die Jahre hinweg immer mehr voneinander entfernt haben. Frau Mustermann machte ihrem Mann häufig Vorwürfe, um ihn dazu zu bringen, daß er sich mehr um die Familie kümmert. Seine Reaktion darauf: Um den Vorwürfen aus dem Wege zu gehen, holte er sich seine Erfolgserlebnisse zunehmend im Beruf.

Die Beispiele zeigen, daß die Lösungen einzelner für das Ganze ein Teil des Problems sein können. Das Denken der beschriebenen Personen ist einschienig (linear) und kausal: Auf A folgt B, also ist B das Ergebnis von A. Ein anderes Denken, nämlich das systemische Denken, bezieht die Gesamtheit der zwischenmenschlichen Beziehungen mit ein – eben das ganze System. Von der Sichtweise des systemischen Denkens ist die Lösung für das System oft, daß jeder genau das lassen sollte, was er bzw. sie bisher als Lösung ansah. Für Eltern gilt, daß sie versuchen sollten, die Ganzheit des Systems zu beobachten, nicht nur aus der Sicht des einzelnen. Das bedeutet, daß der einzelne lernt, die Perspektiven des anderen zu übernehmen, was natürlich nur dann möglich ist, wenn man offen miteinander reden kann.

Gerhard hat seinen Eltern seit Monaten verschwiegen, daß er ernsthafte Schwierigkeiten in der Schule hat. Die Versetzung in eine höhere Klasse wird wohl nicht stattfinden. Um den Fragen der Eltern auszuweichen, erfindet Gerhard Lügen und Halbwahrheiten. Schließlich kommt der »blaue Brief« am Ende des Schuljahres. Die Eltern fühlen sich zu recht betrogen, die Stimmung ist über den ganzen Sommerurlaub hin bedrückt.

Das Problem ist nicht in erster Linie die schulische Leistung. Warum besteht zwischen den Eltern und dem Sohn so wenig Vertrauen? Hier ist ein Problem des Systems Eltern-Sohn, das sich nicht nur von einer Seite erklären läßt. Im berechtigten Ärger der Eltern möchten sie zuerst glauben, daß Gerhard einfach zu faul ist; aber bald wird ihnen bewußt, daß das Problem eher darin liegt, daß Gerhard in seinen Eltern eher Gegner vermutet als Helfer.

Die Lösung liegt also nicht in der Suche nach einem Schuldigen, sondern in der Veränderung des Beziehungssystems. Notwendige Fragen lauten also z.B.: Was tun wir Eltern, um Gerhard zu zeigen, daß er uns vertrauen kann? Kann er uns wirklich vertrauen, oder kommen wir ihm mit Vorwürfen, wenn er Ansätze macht, von seinen Probleme zu reden? Was muß Gerhard ändern? Wieso kann er es nicht zugeben, daß er Schwierigkeiten hat? Was muß er an seinen Lerngewohnheiten ändern?

Eine einseitige Lösung führt zu Vorwürfen und damit eher zu einer Verhärtung der ganzen Situation. Wenn die Ursache im Zusammenspiel von Faktoren gesehen wird, die von allen Beteiligten ausgehen, fällt es leichter, für den eigenen Anteil Verantwortung zu übernehmen. An die Stelle der Verteidigung tritt die Frage: Wie können wir uns gegenseitig helfen, mit ähnlichen Situationen in der Zukunft besser umzugehen?

6.1 Umbruchzeiten

Die Beziehungsstrukturen einer Familie ändern sich immer dann, wenn wesentliche Entwicklungsschritte stattfinden. Damit muß der einzelne seine Rolle neu definieren, und das erzeugt meistens erheblichen Streß und Spannungen. Es zeigt sich z.B., daß es in bezug auf die Zufriedenheit in der Ehe zwei typische Tiefpunkte gibt: Die Zeit nach der Geburt des ersten Kindes und die Zeit des »leeren Nestes«.

6.1.1 Aller guten Dinge sind drei?! – Das erste Kind und die Ehe

Manche Entwicklungspsychologen haben den Vorschlag gemacht, den Beginn des Erwachsenenalters nicht mit der Loslösung vom Elternhaus (z.B. Eheschließung) zu sehen, sondern mit der Geburt des ersten Kindes. Durch die Übernahme der Elternrolle wird der Lebensstil erheblich anders; die Freizeitorientierung ändert sich gewaltig und Ehepartner verhalten sich weniger als »Spielgefährten« zueinander.

Schon mit der Schwangerschaft ändert sich die Beziehung der Eltern zueinander. Man plant, schafft Dinge an, und im Vordergrund steht die Notwendigkeit, vernünftige Entscheidungen zu treffen. Für viele Paare bedeutet das erste Kind einen starken Verlust von gemeinsamen Freuden, aber gleichzeitig eine sehr vertiefte Verbindlichkeit der Beziehung zueinander. Im Bereich der Sexualität ändern sich viele Paare schon im ersten Drittel der Schwangerschaft dahingehend, daß sie deutlich weniger aktiv sind. Bei vielen Frauen verringert sich am Anfang der ersten Schwangerschaft das Interesse an der Sexualität. Diese Tendenz läßt sich bei der zweiten Schwangerschaft nicht so beobachten; da ändern sich sexuelle Gewohnheiten typischerweise erst im letzten Drittel aufgrund der körperlichen Veränderungen durch die Schwangerschaft.

Bei den meisten jungen Ehepaaren bestehen Freundschaften, die die einzelnen Partner mit in die Ehe gebracht haben. Von diesen Freunden sind vielleicht einige unverheiratet, oder sie stehen ebenfalls am Anfang einer Partnerschaft mit mehr oder weniger Verbindlichkeit in der Beziehung. Daß die meisten der alten Freunde ebenfalls an der gleichen Stelle ihrer Entwicklung stehen ist eher die Ausnahme. Mit der Geburt des ersten Kindes ändert sich typischerweise der Freundeskreis. Die Eltern werden es zuerst nicht wahrhaben wollen, aber meistens stimmt es, daß die durch das Kleinkind notwendig gewordenen neuen Lebensgewohnheiten mit den alten Freundschaften nicht zusammenpassen. Natürlich gewinnt man auch neue Freunde – meistens ebenfalls junge Eltern –, aber in diese Freundschaften muß man erst investieren. Die Vertrauensbasis ist noch nicht so gegeben, und Gespräche drehen sich oft fast ausschließlich um diverse Babies.

Zu dem Verlust an Vergnügen, unbeschwertem Lebenstil und Freundschaften kommt bei allen erstmaligen Eltern, daß sie sich fragen, wie sie ihre neue Aufgabe wohl schaffen werden. Werde ich eine gute Mutter sein? Werde ich es schaffen, als Vater nicht die Fehler zu machen, die ich bei anderen sehe? Bei allen Schwierigkeiten, die auf Eltern zukommen, sind ängstliche Erwartungen ja in einem gewissen Maß auch realistisch.

Insgesamt ergibt sich für beide Ehepartner eine sehr schwierige Situation. Einerseits müssen sie wirkliche Verluste einstecken, andererseits freuen sie sich über das Kind. Diese gemischten Gefühle über Schwangerschaft und Geburt sind allerdings oft »verboten«. Die Geburt eines Kindes hat ein freudiges Ereignis zu sein; Ängste und Ärger über den verlorenen »Spaß« am Leben haben keinen Platz.

Diese gemischten Gefühle bleiben natürlich unterschwellig vorhanden. Das bedeutet aber, daß sich die Ehepartner weniger verstehen und tragen können und sich möglicherweise gegenseitig zunehmend Vorwürfe machen. Junge Mütter fühlen sich oft mit ihrem Kind im Stich gelassen, Väter fühlen sich oft vernachlässigt, beide sind enttäuscht von ihrer Ehe. Der Prinz wird wieder zum Frosch ... Männer haben es oft besonders schwer, ängstliche und traurige Gefühle zum Ausdruck zu bringen und flüchten sich in dieser Zeit oft in das berufliche Engagement. Dabei würde es der Mutter sicherlich helfen, wenn sie spürt, daß sie nicht alleingelassen wird mit ihren Sorgen und Freuden.

Diese Ent-Täuschung ist wohl notwendig und im Grunde gut. Wenn die Persönlichkeitsreifung der Eltern nicht steckenbleibt, lernen sie an dieser Stelle, die noch vorhandenen kindischen Erwartungen, die sie an den Ehepartner stellen, abzulegen und durch reifere Erwartungen zu ersetzen. Der Prozeß ist schmerzhaft, aber die Freude an dem Kind entschädigt für vieles.

Das soziale System »Dreiergruppe« hat ein besonders hohes Potential dafür, daß Spannungen ausgetragen werden, indem sich die beiden »schwächeren« Teile zu einer Koalition zusammenschließen. Das sieht konkret meist so aus, daß die »Sachzwänge« der Kinderbetreuung als Alibi herhalten müssen, und der Ehemann bleibt »außen vor«. In der Eheberatung kommt zutage, daß sich manche Ehen über Jahre nicht von dieser Aufteilung erholt haben, und der Ehemann sich durch die enge Beziehung zwischen Mutter und Kindern ausgestoßen fühlt.

Dabei wird diese Exklusivität der Mutter-Kind-Beziehung ja eben dadurch gefördert, daß der Ehemann sich (zuerst emotional) entzieht, also z.B. seine Selbstzweifel und Ängste nicht zugeben kann; der Rückzug des Ehemannes wird aber wiederum dadurch gefördert, daß er sich der Koalition Mutter-Kind unterlegen fühlt.

Um diesen Kreis nach Möglichkeit gar nicht erst entstehen zu lassen, sollten junge Eltern bewußt »gegensteuern«. Die Erwartung »bei uns wird das alles anders« ist hier wenig hilfreich. Ein Maximum an innerer und äußerer Teilnahme am Erleben des Ehepartners ist wichtig. Auch wenn die Mutter wohl meistens die intensivere Bezugsperson für das Baby ist, sollte der Vater sich als wichtige Bezugsperson für Mutter und Kind sehen. Seine Beteiligung an den Versorgungsaufgaben sollte keine »großzügige Hilfe« für die Mutter sein, sondern selbstverständlich. Wenn er das ganze System im Auge behält, weiß er, daß er nicht nur seiner Frau, sondern auch sich selbst das Leben erleichtert, indem er Verantwortung für die Versorgung des Babys übernimmt.

6.1.2 Weitere Kinder

Mit der Geburt des zweiten Kindes ändert sich, relativ gesehen, der Lebensstil weniger als bei der Geburt des ersten. Man sollte denken, daß die Erfahrungen mit der Geburt des ersten Kindes die Eltern dazu führen, bessere Vorsorgemaßnahmen zu treffen, daß sie sich bewußt mehr Zeit nehmen füreinander. Leider scheint das oft nicht der Fall zu sein. Die durchschnittliche Zufriedenheit mit Ehe und Familie nimmt eher noch ein Stück ab.

Über die Jahre der Kindererziehung – auch nach der Geburt weiterer Kinder – geschieht es typischerweise, daß die gemeinsamen Aktivitäten der Eltern weiterhin deutlich abnehmen. Die Erfordernisse des Berufes und die Aufgaben der Kindererziehung lassen oft wenig Zeit für andere Tätigkeiten. Die Aufgabenbereiche unterscheiden sich nicht nur, sondern führen auch dazu, daß Ehepartner meistens in unterschiedlichen Lebensbereichen emotional eingebunden sind.

Für fast alle Eltern bedarf es eines bewußten Gegensteuerns, um in dieser Zeit nicht dahin zu kommen, daß man nebeneinanderher lebt. In der Tat scheinen die Anforderungen, die diese Zeit stellt, für viele Ehen zu groß. Die Scheidungsraten sind besonders in dieser Zeit entsprechend hoch. Aber Eltern sind dem Zerfall ihrer Beziehung nicht hilflos ausgeliefert. Auch hier gilt: »Wehret den Anfängen!« Die Ehepartner sollten sich bewußt machen, daß sie ihren Kindern nichts Besseres tun können, als daß sie ihre Liebesbeziehung pflegen. Man braucht kein schlechtes Gewissen zu haben, wenn Kinder regelmäßig von jemand anderem gehütet werden, damit die Eltern etwas zusammen unternehmen können. Die Aktivitäten, die man vor der Ankunft der Kinder wahrgenommen hat – Besuche bei Freunden, essen gehen, Theater, Konzert ... – werden seltener sein, aber sollten nie ganz aufhören. Auch ein Wochenende oder eine Woche »allein zu zweit« ist im allgemeinen machbar. Viele Eltern mögen sich nur nicht eingestehen, daß sie solche Pflege für ihre Beziehung brauchen. Dahinter steht oft der falsche Gedanke, daß eine »wirkliche« Liebe sich von selbst erhalten müsse: »Wenn es soweit kommt, daß wir Termine einplanen müssen, dann kann ich darauf auch verzichten ...« In Wirklichkeit mißt sich die Echtheit einer Liebesbeziehung nicht daran, daß es nie Mühe kosten darf, sie aufrechtzuerhalten, sondern daran, daß sich die Liebenden diese Mühe machen.

6.2 Rollenverhalten

In jeder Ehe gibt es unterschwellige Spannungen, die sich auf die Kinder übertragen. Kinder sind gute Beobachter, sie bekommen viel mit. Dabei sind sie aber schlechte Interpreten. Sie beziehen die Konflikte der Eltern auf sich und reagieren mit Ärger oder Schuldgefühlen oder beidem. Das heißt, sie können mit Spannungen zwischen den Eltern nicht gut umgehen und würden alles tun, um sie zu lösen. Dabei ist ihnen meistens nicht bewußt, daß die Verhaltensweisen, die sie an den Tag legen, den Zweck haben, die Eltern zusammenzuschweißen.

In einem gewissen Maße sind Spannungen wichtig, denn Kinder müssen ja lernen, mit Spannungen umzugehen. Normalerweise ist es möglich, verschiedene Strategien auszuprobieren und so auch verschiedene Möglichkeiten des Umgangs mit Spannungen zu entwickeln. Das bedeutet natürlich, daß jedes Kind auch einmal das Risiko auf sich nimmt, eine neue, unerprobte Strategie anzuwenden. Übersteigt jedoch die Spannung ein gewisses Maß, wird dieses Risiko zu groß. Kinder tendieren in solchen Situationen dazu, immer dieselbe Art und Weise der Spannungsreduktion auszuüben, und kommen dadurch in eine ausgeprägte Rolle hinein.

Diese Rolle kann sie in gutes oder schlechtes Licht setzen. In jedem Fall wird das Kind in seinem psychosozialen Reifungsprozeß enorm eingeschränkt, weil viele zwischenmenschliche Verhaltensweisen außerhalb der Möglichkeiten bleiben.

Wenn Kinder in einer Familie ausgeprägte Rollen übernehmen, liegt die Lösung also immer bei der ganzen Familie. Oft sind es die stereotypen Rollenverhalten, die wiederum auf lange Sicht die Familie sehr strapazieren und so zu größerer Spannung beitragen. Die folgenden Rollen sind Beispiele, die häufig vorkommen; andere ausgeprägte Rollen sind möglich, ebenso Mischformen:

6.2.1 Der kleine Held

Eine Möglichkeit, die Stimmung der Familie zu verbessern, ist, durch Leistung und überangepaßtes Verhalten dafür zu sorgen, daß »alles immer gut geht«. Kinder, die diese Rolle übernehmen, sind häufig die ältesten. Sie übernehmen viel Verantwortung für den Haushalt und andere Geschwister, sie scheinen keine Probleme zu haben und präsentieren sich gerne als kleine Erwachsene. Sie spielen wenig oder gar nicht, haben auch kaum Freunde (nur die, mit denen sie zusammen lernen) und sind sehr darauf bedacht, die Familie in ein gutes Licht zu stellen. Meistens haben sie sehr gute Noten in der Schule und werden anderen Kindern als Vorbild hingestellt. Oft sind sie daher bei Gleichaltrigen unbeliebt (»Streber«).

Dabei sind sie aber im Grunde sehr unglücklich. Auch wenn ihre Position in der Familie manche Privilegien mit sich bringt, können sie ihren Selbstwert nur durch Leistung definieren. Als Erwachsene brauchen sie es, gebraucht zu werden, und heiraten sehr häufig Ehepartner, die ihnen scheinbar sehr unterlegen sind. Gleichwertige Partner machen ihnen angst; sie brauchen das Gefühl der Überlegenheit. Diese Stellung prädestiniert sie natürlich dazu, in erwachsenen Beziehungen zum Opfer zu werden. Sie leiden unter den Menschen, mit denen sie sich umgeben, tun aber unbewußt ihren Teil dazu, daß andere ihre Bedürfnisse mißachten. Da sie sich in Beziehungen immer als der Schwächere fühlen, fällt es ihnen sehr schwer, zu sehen, warum ihre äußere Überlegenheit sie von anderen Menschen entfremdet.

Das Familiensystem braucht den kleinen Helden, um nach außen eine gute Figur zu machen. Im Extremfall rettet der kleine Held die Ehre der Familie. Fällt das betroffene Kind einmal aus der Rolle (was es dringend braucht), kann die Familie es darin nicht unterstützen.

6.2.2 Das Maskottchen

Eine andere Art, Spannungen zu übertönen, ist die, eine »ansteckende« Fröhlichkeit zu verbreiten. Jungen spielen da besonders gerne den »Clown«, Mädchen tendieren im allgemeinen zu »niedlichen« Verhaltensweisen bis zum »Püppchen«. Die Maskottchen-Rolle erlaubt es dem Kind, ohne wirkliche innere Beteiligung Konflikte aus dem Weg zu räumen. Es ist schwer, ihnen böse zu sein.

Was sie nicht lernen, ist, sich wirklich auf jemand anderen einzulassen. Als Erwachsene sind ihre Beziehungen oberflächlich. Sie sind bei Gleichaltrigen meistens beliebt, haben aber bei persönlichen, engeren Beziehungen große Probleme. Als Erwachsene gehen sie Konflikten aus dem Weg, oft fühlen sich ihre Partner von ihnen nicht ernst genommen. Wirkliche Intimität ist für sie schwierig.

Das Maskottchen entwickelt ein sehr feines Gespür für die Stimmung einer Gruppe und kann diese auch oft wesentlich mitbestimmen.

6.2.3. Das schwarze Schaf

Wenn ein Kind viele aggressive Gefühle erlebt, besonders aber, wenn die anderen Rollen schon durch ältere Geschwister »besetzt« sind, kann man Spannungen lösen, wenn man sich selber zum Blitzableiter macht, indem man die Regeln und Normen der Familie ständig verletzt. Es ist für das »schwarze Schaf« einfacher, die Aggressionen auf sich zu ziehen als unterschwellige Spannungen zu ertragen. Das Kind verweigert die Leistung in der Schule, ist frech oder ungehorsam. Später sind solche Kinder in hohem Maße drogengefährdet. Durch die Schwierigkeiten, die es den Eltern bereitet, trägt das Problemkind oft kurzfristig dazu bei, daß die Eltern sich zusammenschließen. Auf lange Sicht erhöht sich jedoch der Streß der Familie durch die ständigen Schereien, die es verursacht.

Dabei ist es oft so, daß Familien sich zwar bitter über dieses unmögliche Kind beschweren, aber doch auf es angewiesen sind. Die Familie braucht den Sündenbock, ist sich dessen aber im allgemeinen nicht bewußt. In der Familientherapie zeigt sich allerdings, daß wirkliche Besserungen oft von der Familie sabotiert werden, oder, bei erfolgreicher Behandlung des schwarzen Schafes (bzw. Ausstoß aus der Familie), ein anderes Kind die Rolle bald übernimmt.

Kinder lernen in dieser Rolle nicht, Verantwortung zu übernehmen. Sie haben sich daran gewöhnt, das Sorgenkind zu sein und sehen oft wenig Chancen, aus der Rolle herauszukommen. »Bestraft werde ich sowieso, da kann ich dann auch dafür sorgen, daß ich es wenigstens verdiene.«

6.2.4 Der Eigenbrötler

Manche Kinder entziehen sich den Spannungen der Familie, indem sie sich zurückziehen und isolieren. Sie vermeiden Auseinandersetzungen, spielen stundenlang für sich allein, lesen viel und gerne, haben aber wenig Beziehungen zu anderen. Sie haben oft schwere Selbstwertprobleme und fühlen sich anderen gegenüber minderwertig. Obwohl sie sich nach Nähe sehnen, ist die Angst vor Konflikten größer. Eventuell gewöhnen sie sich an ihre Einsamkeit und scheinen niemanden zu brauchen.

6.2.5 *Aus der Rolle fallen*

Wie bereits oben erwähnt, ist es fast immer das Beste, was Eltern tun können, daß sie an ihrer Beziehung miteinander arbeiten. Trotzdem ergeben sich in vielen Familien zumindest zeitweise ausgeprägte Rollenverhalten bei den Kindern.

Sicherlich ist es hilfreich, wenn Eltern sich bewußt sind, daß solche ausgeprägten Rollenverhalten als Störung des gesamten Familiensystems zu verstehen sind, nicht als Problem des einzelnen. Trotzdem müssen einzelne für ihre eigenen Handlungen mit zunehmendem Alter mehr verantwortlich gemacht werden. Eltern sollen also nicht »entschuldigen«, sondern müssen sich auch selber fragen, welche Änderungen sie vornehmen sollten.

Oft ist es schwierig oder unmöglich, als Betroffener von innen wahrzunehmen, was an dem System krank ist. Man steckt einfach zu sehr mit drin. Außenstehende haben es da oft leichter, und es ist sicherlich wichtig, Freunde zu haben, mit denen man offen über die Probleme der Familie reden kann, ohne befürchten zu müssen, daß sie nach außen getragen werden. In Problemfällen ist es auch keine Schande, wenn man das Hilfsangebot einer Erziehungsberatung in Anspruch nimmt.

LITERATUR

Aldous, J.: *Family Careers – Developmental Change in Families*, New York 1978.

Ambron, S.R.: *Child Development*, New York [3]1981.

Bloom, B.S.: *Developing Talent in Young People*, New York 1985.

Chickering, A.W.: *Education and Identity*, San Francisco 1972.

Deutsche Nationalkommission zum Internationalen Jahr der Familie: *Familienreport* 1994, Bonn 1994.

Dieterich, M.: *Handbuch Psychologie und Seelsorge*, Wuppertal 1989.

Dieterich, M.: *Das Gespräch in der Erziehung*, Dillenburg 1987.

Erikson, E.: *Childhood and Society*, New York 1963[2].

»Familie: Abschied von einem Traum«, *Focus* Nr. 7; Febr. 1993.

Gnadauer Pädagogischer Arbeitskreis: »Christliche Erziehung in einer pluralistischen Gesellschaft«, Dillenburg 1988.

Gordon, T.: *Familienkonferenz*, Hamburg 1972.

Hersey, P. und Blanchard, K.H.: *Management of Organizational Behavior Utilizing Human Resources*, Englewood Cliffs 1977[3].

Kallmann, F.J. und Sander, G.: »Twin Studies on Senscence«, *American Journal of Psychiatry*, Nr. 106, 1949, S. 29-36.

Kierkegaard, S. (1847): *Erbauliche Reden in verschiedenem Geist*, Düsseldorf.

Kohnstamm, R.: *Praktische Psychologie des Schulkindes*, Bern 1988.

Lindemann, B.: *The Twins who found each other*, New York 1969.

Mahler, M.S.: *The Psychological Birth of the Human Infant*, New York, 1975.

Miller, A.: *Am Anfang war Erziehung*, Frankfurt 1983.

Pacher, W.: *So macht Zusammenleben Freude*, Freiburg 1988.

Pines, M.: »Childhood Patterns that Breed Greatness«, *San Francisco Chronicle*, 7. April 1982.

Rogers, C. R.: *Die nicht-direktive Beratung*, München 1972 (USA: 1961).

Rousseau, J.J./ Blaues Kreuz: »Verzichten lernen – ein vergessenes Erziehungsziel«, *Faltblatt »aktuell 5«* des Gnadauer Pädagogischen Arbeitskreises.
Sattler, J.M.: *Assessment of Children's Intelligence and Special Abilities,* Boston 1982².
Schulz v. Thun, F.: *Miteinander reden: Störungen und Klärungen,* Hamburg 1981.
Schwarz, K.: »Familiendemographie«, in: Deutsche Nationalkommission, *Familienreport,* s.o.
Sieland, B. u.a.: *Klinische Psychologie für Pädagogen,* Braunschweig 1979.
Tausch, R. u. A.: *Gesprächspsychotherapie,* Göttingen 1979.
Trotzer, J.P. und Trotzer, T.B.: *Marriage and Family – Better Ready Than Not,* Muncie 1988.
»Tschüß, ich geh' in ›Miniclub‹«, *Der Spiegel,* Nr. 12/44, 1990.
Watzlawik, P. und Beaven, J.H.: *Menschliche Kommunikation,* Bern und Stuttgart 1969.
Willi, J.: *Was hält Paare zusammen?,* Hamburg, 1992.
Winnicott, D.W. (1956): »Primary Maternal Preoccupation«, *Collected Papers,* New York 1958.

ANHANG

Für Seminare zu Ehe- und Familienfragen sowie für Beratung können Sie sich an die folgenden Institutionen wenden:

Deutsche Gesellschaft für Biblisch-Therapeutische Seelsorge
Justinus-Kerner-Weg 1
D-71394 Kernen
Tel. 07151/44580

Neues Leben – Neue Familien
D-58511 Lüdenscheid
Berliner Str. 16
Tel. 02351/81686

Weißes Kreuz
PF 3140
Alte Hauptstr. 14
D-34242 Vellmar – Kassel
Tel. 0561/982880

Michael Dieterich (Hrsg.)

Wenn der Glaube krank macht

Psychische Störungen und religiöse Ursachen

112 Seiten, R. Brockhaus Taschenbuch, Bestell-Nr. 220 468

Die provozierende These, daß psychische Störungen religiöse Ursachen haben können, wird hier aus unterschiedlichen Blickwinkeln betrachtet: Neben dem Theologen kommt der Arzt und Psychotherapeut ebenso zu Wort wie der Pädagoge.

Besonderes Interesse gilt dabei dem »christlichen Elternhaus« mit seinem speziellen Erziehungsstil.

Nicht nur Eltern und Erzieher werden die praktischen pädagogischen Vorschläge zu schätzen wissen; auch Pastoren und Mitarbeiter in der Gemeinde, die mit seelisch kranken Menschen zu tun haben, erhalten Ratschläge aus der seelsorgerlichen Praxis.

Ulrich Giesekus

Wenn Helfen nicht mehr hilft

Chancen für Mitbetroffene

48 Seiten, R. Brockhaus Taschenbuch, Bestell-Nr. 221 210

Sucht – ein Teufelskreis, der nicht nur den Suchtkranken einschließt, sondern auch dessen Angehörige. Sie fühlen sich verpflichtet, sein Suchtverhalten vor der Öffentlichkeit zu verbergen und zu entschuldigen. Vielfach ist diesen »Helfern« nicht bewußt, daß sie durch ihr Verhalten der Suchtkrankheit eher Vorschub leisten, als ihr entgegenwirken.

Giesekus zeigt, wie solch ein System »Sucht« zustandekommt und funktioniert – wie es dabei auch um Macht geht, die über andere ausgeübt wird. Aus seiner Analyse leitet er konkrete Vorschläge ab, die es ermöglichen, aus dem System »Sucht« auszubrechen.